日本語がわかれば
英語がわかる

二刀流
英語上達法

藤澤光治・藤澤多嘉子

八朔社

読者の皆さんへ

　実用英語にせよ，受験用にせよ，単なる憧れにせよ，英語への関心はブームといわれるほどに高まっています。その中でやってもやっても効果が上がらないという嘆きがたえません。

　それにはいろいろな原因があると思いますが，誰にも共通にいえることは，東京で長く暮らしてもどこかに方言の癖が顔を出すように，学習のあらゆる場面で体に深く滲みこんでいる日本語が足を引っ張ることではないかと気がつきました。

　生徒の答案を見ると綴りと発音・文法・発想など至るところに日本語の影が感じられます。この悪影響を排除すれば能率が上がることは明らかです。そのためには，学習項目のひとつひとつで日本語と英語の違いをはっきりさせることが必要です。二刀流とはこうしていつも両方に目を向ける学習姿勢のことです。

　エピソードをはさみ全体として読みやすく構成してありますから，楽な姿勢でゆっくり味わってください。知らず知らずのうちに効果が現れるに違いありません。

目　　次

読者の皆さんへ

序章　言葉の回路 …………………………………… 1
　1　回路とは？　3
　2　母語回路の persistency　4
　3　疎外されがちな日本語　9

第1章　音と文字 …………………………………… 13
　1　発音なんかどうでもいい？　15
　2　一にも対立，二にも対立　16
　3　難しい音の盲点　20
　4　文字と音声　24

第2章　単語の料理帳 ……………………………… 35
　1　活魚と標本　37
　2　学習用語も要注意　39
　3　「文法」この嫌われもの　41

第3章　回路の立役者「動詞」……………………… 45
　1　VERB とは？　47
　2　16個の基本動詞で何でも言える　48
　3　名詞が変身！　50
　4　自動詞と他動詞——その身分と職責　52
　5　食うか食われるか　55

6　動詞は文の要(かなめ)　58
　7　主語とのパートナーシップ「3単現のs」　62
　8　完了形のない日本語　63

第4章　名詞の働きとアクセサリーS 67
　1　二刀流「名詞の分類」　69
　2　小さな曲者　複数形のs　74
　3　カタカナ英語は1/4混血児　79

第5章　名詞がまとう衣装「形容詞」...... 83
　1　構文を複雑にする形容語　85
　2　前付き・後付きの見本市　87
　3　前付き形容語の活用法　87
　4　日本語にはない後付き形容語　90
　5　「後付き」の利点・難点　92

第6章　重い脇役　副詞 97
　1　副詞の重み　99
　2　国文法との意外な共通性　99
　3　副詞は形容詞の兄弟分　100
　4　動詞の修飾　101
　5　比較の形態　105

第7章　文をととのえる大道具，小道具 111
　1　気になるかぶり物「冠詞」　113
　2　代名詞の質とハタラキ　118
　3　アシスタントを超える助動詞の役割　122
　4　小さくて貴重な付属品「前置詞」　126

終章　異文化拾遺 135
　1　ことわざと比喩　137

  2 なくて済むもの，済まないもの 140
  3 有礼族と非礼族 141
  4 類似言葉の使い分け 143
  5 挨拶言葉のリスク 151

結び——さらなる前進のために 155

付録　仕上げのために 157

あとがき

装幀：レフ・デザイン工房
編集協力：島村栄一

序 章

言葉の回路

序章　言葉の回路

1　回路とは？

　私たち日本人の頭の中には，日本語が自由に出入りできる回路があります。これは成長の過程で自然に身についたものですから，呼吸と同じで，何も考えずに使いこなすことができます。この性質は骨の髄まで染みとおっているのです。このことは英語圏の人々の頭の中にある英語専用の回路についても，まったく同じです。

　外国語学習の目的は異なる回路の間のコミュニケーションを可能にすることですが，英語回路と日本語回路とでは，アルミ線・直流・100ボルトと銅線・交流・220ボルトほどにも違います。その間の橋渡しが難しいのは当然です。

　ヨーロッパ諸国の言葉は，お互いにかなり似たところがあり，またよく似た言葉がグループをなしています。イタリア語とスペイン語が似ていることはよく知られていますが，北欧のスウェーデン，ノルウェイ，デンマークでは，各自の母語で国際会議ができると聞いて，まさかそこまではと半信半疑でしたが，これは本当のようです。SAS（スカンジナビア航空）の機上で道づれになった隣席のスウェーデン紳士がノルウェイ人の客室乗務員さんと楽しそうに会話を交わしていたので，何語で話していたのかと尋ねたところ，自分はスウェーデン語，彼女はノルウェイ語だという答え。そして，日中韓の3国が漢字を使っていることを知っている彼は，日中韓で会話は全然通じないという私の説明に驚いていました。彼らの回路の違いは交流のサイクルの差くらいなのかもしれません。

2　母語回路の persistency

persistency とは，生存/存在し続けること。ぶっても叩いても死なないしぶとさ，頑固さ。ピッタリの熟語が見当たらないので英語を借用しました。

イギリス人と結婚してイングランド中部に20年近く住み，その間一度も日本人に会っていないという女性を訪ねたことがあります。彼女は自分の日本語が変ではないかと気にしていましたが，その心配は無用でした。長年のジャングル生活の後に帰国したときの小野田少尉の挨拶も完璧でした。母語の回路は体の一部なのです。そしてそれゆえに，外国語を学ぶときには，しばしば学習者の足を引っ張るじゃまものとなります。

私たちが英語を学ぶということは，日本語回路のほかにもう１つ，人工的に英語用の回路を作ることを意味します。もちろんそれを自分の第二言語として使うためにです。

ところで日本語回路は無意識のうちに形成され，無意識のうちに働いているものですから，それが私たちの英語に与える影響も，ほとんど意識されることがありません。作物の根を縦横に食い荒らしながら滅多に姿を見せないモグラのように，それと気がつかないところでわるさをしているのです。

日本語回路のこの意識下の作用には，右側通行にともなう危険に似たところがあります。信号のない道路を横断するとき，私たちはまず右を見，半分渡ったところで左を見ます。この順序は第２の天性のようになっているので，右側通行の国へ行っても，そのまま出てきます。右側の安全を確認して１歩踏み出したとたん，左からの車に「パッパ

序章　言葉の回路　　5

ー！」と鳴らされて肝を冷やした経験をお持ちの方も少なくないでしょう。通る車が少ないときがかえって危険です。

　左ハンドル右側通行で怖いのは、車の少ない山道の九十九折りです。角を回ったその瞬間、目の前に対向車が現れると、反射的にハンドルを左に切ってしまい、あわや正面衝突。街中なら車の流れについていけばいいので、じきに慣れますが、日本式の運転感覚は決して消えることはなく、いつ顔を出すかわかりません。油断は禁物です。

　歩行者、運転者のこの行動は、繰り返しによって後天的に獲得された反射的行動ですから、まさしく条件反射です。英語の中に私たちの意思に反して日本語の色や匂いが入り込むのも、一種の条件反射的な作用と考えられます。とすれば、それは意識が及ばない領域ですから、コントロールが容易でないのも当然です。

　英語を学ぶときには、日本語から離れて英語の世界に没入するのがいいと言います。イギリス滞在中、私は日本人と付き合うことも日本の新聞を読むことさえも極力避けましたが、それでも日本語回路の諸要素はしつこくつきまとって英語のじゃまをしました。国内で学ぶとなれば、その影響は計り知れません。

　姿を見せずに条件反射的に作用するモグラと同様に、水面下で働く日本語回路の影響を根絶することなど、到底できそうもありません。ではお手上げ？

　実はここが二刀流の原点なのです。

　日本語回路の弊害というのは、英語と日本語の根深い異質性から生じるものです。英語を学ぶときも使うときも、日本語は訳にも説明にもしょっちゅう使われていますが、私たちは英語との違いなどいちいち気にすることはありません。日本語の特質は意識の下に追いやられているのです。だからこそ日本語のさまざまの特質は、勝手に潜行し

て，出てきてはいけないところへ顔を出して，私たちのひ弱な英語の足を引っ張るのです。問題は現に影響を受けているのにそれに気づいていないことにあるのですから，まずはその事実を認めること。その上で，使い慣れているがゆえに陰に潜んでいる日本語の特質のあれこれを地上に引き出すのです。こうして学習の段階ごとに日英を対比する習慣がつけば，相違からくる悪影響があればそれを排除し，また共通点を発見して英語の理解をいっそう深めることもできるでしょう。この学習スタイルが定着すれば，能率向上に大きく貢献することはまちがいありません。

いくつかの例で考えてみましょう。

英会話を習い始めの人は，言いたいことに関係のある単語を日本語の語順で頭に浮かべます。「明日デパートへ靴を買いに行く」と言うのに，tomorrow department store と口に出して，あとが続かず立ち往生。また，長野オリンピックの中継で，2人の美しい外国人選手

---

angry と ugly

単身で日本へ来ていたアメリカの大学助教授を自宅に招いたときの失敗談。2人の可愛い子供の写真を見せてくれたので，「奥さんのは？」と聞くと，持っていないと言います。そこで，「それでは奥さんは怒るでしょう」というつもりで，She must be angry. とやったところ，彼はむきになって，No. She is beautiful. と言うのです。一瞬何のことかわかりませんでしたが，彼は angry を ugly と聞き違えたのです。これは発音の問題ですが，それだけではありません。2つの単語はともに形容詞で，しかもいずれも，She must be の後にぴたりと納まる単語でした。つまり形容詞が座るべき場所に座っていたためで，こんなまちがいがうまく成立したのです。その意味で，これは語順の問題にも関係があったのです。

序章　言葉の回路

に囲まれたアナウンサーが，both hand flower と言っていました。「両手に花」のつもりでしょうが，これも日本語の順序で，おまけに，hand も flower も s がありませんでした。英語の語順に慣れるには，テニヲハのおかげででたらめの語順でも用が足りる日本語回路の特質と，語順が決定的な意味を持つ英語の特質との違いを強く意識することがなにより重要です。複数形を持たない日本語の影響は s の脱落だけでなく，いろいろな場面に現れます。

　発想の違いも，言うまでもないことですが，しばしば私たちをつまずかせます。

　「頭を殴る」は，hit his head ではなく hit him on the head，「ハンドバッグを強奪する」は，rob her handbag ではなく rob her of her handbag です。関心の中心が体の一部分や物ではなく，人間そのものにあることが感じられます。

　戦死や事故死は be killed で，die は使いません。

　「来ないと思う」は I don't think he will come が普通。文法的には I think he won't come. でもよさそうですが，これは日本語の論理です。

　「仰向けに」は on one's back,「うつ伏せに」は on one's stomach,「横向きに」は on one's side です。日本語は体の向き，英語は体の位置関係で表します（back, stomach, side は，背中，お腹，わき腹）。では「正座する」はどう言ったらいいでしょうか。体の一部分を使う英語回路の発想に慣れてくれば，sit on one's legs という形が頭に浮かぶはずです。sit on the floor では，あぐらでも横座りでもいいことになります。

　語彙にも辞書では片づかない問題がいろいろあります。「兄弟姉妹」もその1つです。知人から This is my sister. と紹介され，お姉さ

か妹さんかがわからなくて，応対に困ったことがあります。妹さんをお姉さん扱いにしたら，大変なことになりますから。古い小説や戯曲では西欧にも長幼の序が認められますし，子供の頃は年長者が力を持つことに変わりはありませんが，今日では大人は上下にこだわりません。弟さんを your younger brother と訳すのは，誤訳とはいえないまでも悪訳です。儒教的な兄弟の感覚を現代の英語の回路は受け付けません。

私たちが何の苦もなく発音している日本語の中に，欧米人にとっては大変難しい音がいくつもあります。これはお互い様ですが，彼らにとってどこがどう難しいのかを知ることは，英語の難しい発音を征服するのに大いに役立ちます。

英文法の先生は国文法には一言も触れないので，この 2 つの間にある小さいけれど重要な違いはたいてい見過ごされています。例えば，形容詞や助動詞は，英文法と国文法ではその働きがラグビーとサッカーほど違うのに，漠然と同じもののように受け取られているようです。この 2 つの文法の相違点を詳しく比較検討することは，英文法の理解と活用の助けとなるにちがいありません。

やあ，しばらく！

母語回路の影響の面白い例として Long time no see!（やあ，しばらくだね）があります。アメリカでよく使われるこの変則英語は，中国語の語順で中国系アメリカ人が誤って使ったのが定着したのだそうです。I have not seen you for a long time. というオーソドックスな言い方はもうダサイと思われるのでしょうか。中国語の語順は日本語に比べると，いくらか英語に似た点があるようです。例えば，ride a horse が「騎馬」であるなど。それでもやはり違いの方が大きいのですね。

こんな例はいくらでもありますし，英語と日本語が違うのは当たり前です。しかし個々バラバラに覚えたり，漠然と観念的に理解しているだけでは，学習上なんの御利益(ごりやく)もありません。

この本では，以下章を追って，綴り，発音から単語，成句，主な文法事項などについて，実用的な見地から，具体的に日英の比較考証を試みます。この対比は，もぐらの正体を突き止めてその害を抑え，また，英語の特質を浮き彫りにして，その活用の道を拓(ひら)いてくれるでしょう。

3 疎外されがちな日本語

英語を学ぶとは，私たちの頭の中に自家用の英語回路を作ることだと言ってきましたが，この回路は英語圏の人々が使っているホンモノの英語回路とは別物です。私たちはそれを建設しながら，到達したレベルに応じてそれを実用にも使うというわけです。ところで，学ぶにせよ使うにせよ，その精神作用を担うのは日本人の脳細胞ですから，そこでは日本語は完全な既知数とみなされて，訳語や説明用語の正否適否は関心の外に置かれています。これが問題なのです。

boy, girl を生徒たちは「少年，少女」と訳しますが，少年犯罪のニュースくらいにしか使われない言葉です。関係代名詞，関係副詞は「…するところの」とやりますが，これは不自然な日本語です。さまざまのニュアンスで用いられる進行形を一律に「…しつつある」で片づけるのもお粗末な話です。いわゆる英文和訳の答案やレポートに，書いた当人にも意味のわからない珍文が出てくるのは珍しいことではありません。これは，英語を咀嚼(そしゃく)した上で日本語の表現を考えると

いう基本を忘れた結果であり、あえていえば、国語力の貧困のせいもあるでしょう。いずれにしても、これらは、日本語が英語の学習から疎外されていることの証拠です。英文学の先生が嘆いていました。文学作品の情緒豊かなさわりの一説を丁寧に講義し終わったとき、「先生、よくわかりました。でもどう訳すのですか」と質問されるのだそうです。自分で訳文を考え、推敲して仕上げようという気持ちがまったくないわけで、つまりは日本語軽視の姿勢といえるでしょう。

日本語で考えてから英訳するのではなく、英語で考えよとよく言われます。慣れればこれもある程度可能ですが、複雑なアイディア、思想、理論を述べるには、日本語による頭の整理が不可欠です。その日本語が怪しいようでは良い英語は望めません。また日本語側の受け皿に傷や汚れがあれば、受け取る英語の理解にも歪みが出る恐れがあります。

英語の学習では、日本語との対比を忘れないだけでなく、正しい日本語、より良い日本語にも心を向けるようにしたいものです。雑草のはびこる畑に種をまけば、労多くして功少なし、ということになるでしょう。日本語をないがしろにした英語の学習はこれに似ています。

(補)

章のタイトルに文法の色が濃いのを見て、この本は古くさい「文法・訳読方式」Grammar Translation Method なのかと誤解されるかもしれませんが、それは違います。

重箱の隅をつつくような文法学入門と違い、言葉の並べ方、使い方としての生きた文法が会話にも必要であることは、あとで詳しく述べます。訳読も、読み、解き、味わって内容を把握するという意味でなら、これは英語を話す機会が少ない日本では、学習上もっとも大きい

ウエイトを占めることになります。

　テレビの英会話で，Nice to meet you. を初対面の挨拶「はじめまして」だと教えていましたが，「どうぞよろしく」の感じになることだってあるでしょう。これを丸呑みにするのも1つの勉強法ですが，それだけでいいでしょうか。

　アメリカの若者言葉を取り入れた留学用会話，商社マンのためのビジネス会話の類も，口と耳の訓練と雰囲気に慣れるために必要です。けれども，定型化した会話用センテンスを何百例覚えても，それだけでは，それが役立つ範囲は限られています。

　正しい姿勢で読解を積み重ねると，次第に単語が増え，頭でなく体がその使い方の法則を覚えてくれます。こうして自家用回路の土台を固めておけば，必要に応じて実務，生活，趣味，学問，どんな領域の会話でも，わずかの追加努力でモノにすることができるはずです。現に戦前の学校英語だけで，その後各界で立派に英語を使いこなしてい

文法は不要か？

　会話に文法はいらない，というのは本当でしょうか。断じて No！です。これは文法のまちがいなんか気にしないで，どんどんしゃべれ，というだけで，文字通りの意味ではありえません。お母さんが子供部屋をノックして，「宿題は？」と尋ねます。兄の返事は Doing. 弟の返事は Done. でした。兄は今やっている最中だから進行形の現在分詞，弟はやってしまったので現在完了の過去分詞というわけです。単語1つで会話ができたのは，文法があればこそです。お土産店で単語と手まねで用が足りることもあるでしょうが，これを繰り返しても進歩はありません。文法を無視した会話のお稽古なんて，筋力トレーニングをサボっているスポーツ選手のようなものです。

る人も少なくないのです。文法訳読方式もまんざら捨てたものではなさそうです。たいていのスポーツが要求する筋力トレーニングに似て，それ以上に重要なものといえるかもしれません。あんなのはダメだときめつける人は，自分が不勉強だったことを告白しているようなものです。

　学校英語には「英作文」という科目がありますが，そのテキストといえば，模範例文とその解説，そしてモデルに合わせて作られたあまり実際的でない練習問題，という型が普通です。例文は文法事項にそって選択，配列されているので，これを暗誦すれば，理屈抜きで文法を身につけることができ，試験問題程度の英作文には充分まにあいます。けれども，これは実は文法の勉強であって，自分の言いたいことを英語で表現するという意味での本来の作文とは別物です。

　複雑な英文を書くには，まず相手に伝えたいことをよく整理する，それを日本語で理路整然と書く，次に飾りを取り去って骨だけの英文を組み立て，最後に修飾語をはめ込んでいく。これが1つのレシピです。ここまでくれば英作文テキストのモデルも活躍の場を見出すことができます。文法はすべての土台ですが，「英作文」という名の英文法学習だけでは，実際に役立つ作文，すなわち「書く」能力の上達は望むべくもありません。

　この種のトレーニングが，交渉や討論など高度の会話にも必要であることは言うまでもないでしょう。

第1章

音と文字

1 発音なんかどうでもいい？

　発音は大切だと誰もが言います。けれども，立ってリーダーを読んでいる生徒の発音を先生はいちいち直しているでしょうか。それでは授業が進みませんからたいていそのままです。つかえたとき読み方を教えるくらいで済ませるのが普通でしょう。自分で勉強するとき，文法の例文や練習問題まで，いつも正しい発音を心がけていますか。能率を上げるために発音は犠牲にされていませんか。入試には発音問題が出ます。単語を並べて，下線を施した文字の発音が同じ単語を選ぶ

---

bus は「ブス」？

　カナダ東部の聖フランシスコ・ザヴィエル大学に Coady Institute という研究所があり，そこに Tony といっ若い先生がいました。英語の達者な日本の友人の1人はこれらをコディー，トニーと発音します。

　oa も o も二重母音 [ou] のはずだ，と言っても承知せず，原則はそうでも実際は違うと言いはります。日本語には二重母音がないので，この微妙な違いは聞き取りにくいのですが，原則を頭においてよく聞けば，コでもトでもないことがわかります。

　イギリス中部のノッティンガム地方の方言では butter, bus, bungalow などをブター，ブス，ブンガロウに近く発音します。親しい農家の娘さんがロンドンの教育大学へ行っていたので，学校の友達になまりのことを何か言われないかと聞いてみたら，いつもからかわれているということでした。だからこっちもやり返すのだそうです。「ランカシャーの子は book のことを"book"なんて言うんだから」と笑うのでした。でも私にはこの2つの違いが何度聞きなおしてもわかりませんでした。日本語の音は単純明快だからこんなことはあるまいと思うのですが，さて欧米人から見たら…？

ような問題は，口も耳も使わずに答えられます。これは発音に関する知識のテストに過ぎません。発音と本気で向き合うのは，たまにしかない特別の時間だけのようです。発音なんかどうでもいい，ということではないでしょうが，どうも軽視されているようです。

　言語学では「言語は対立である」と言います。初めて聞いたときは，なんのことやらさっぱりわかりませんでしたが，それはこういう意味なのです。かつて原始乱婚説というのがありました。原始時代の人類には家族はなく，野獣のような乱婚状態だった，と推定した仮説です。その根拠は，ある未開民族の言葉ではチチとオジ，ハハとオバの呼び方に区別がないということでした。この仮説はやがて覆えされます。マリノフスキーという文化人類学者がトロブリアンド諸島の原住民の社会に何年も暮らした結果，外の人には聞き取れない微妙な発音の違いで，彼らはちゃんと区別していることがわかったのです。音の違いで意味を区別する，これが「対立」です。言語とは音の対立を体系化したものにほかなりません。音声こそ言語の本質なのです。

2　一にも対立，二にも対立

　音声が対立という役割を立派に果たせるようにすること，これが発音を学ぶ目的です。

　街の英語教室には教え方の訓練を受けていない素人先生が多く，自分の発音を徹底的に真似させる人がいます。これは日本の音から引き離すための手段としては有効かもしれませんが，それだけです。英米にも地方色があり，個人差もあります。アメリカ大使館員の家庭で奥さんとご主人が bury（埋める，埋葬する）の発音で議論するのを見

たことがあります。それに第一，そっくり同じになんか，なれっこありません。

　英語は英米だけのものではありません。地球語とまではいきませんが，国際語として広く使われています。これでは英米に有利で不公平が生じやすいという反発の声もありますが，エスペラントの理想を掲げて「百年河清を待つ」わけにもいきません。多くの非英語圏の人々が使うからには発音にお国なまりが出るのは当然です。それでも「対立」さえしっかり働いていれば，立派に用は足せます。他の紛らわしい音と確実に区別できること，それが発音を学ぶ当面の目標です。

　フィジーの国際空港に降り立ったとき，そこらじゅうでインド人特有の英語が耳に入ってきました。よほど大きな旅行団でも着いたのかと思ったのですが，みんなフィジーの市民でした。砂糖黍畑の労働力としてインドから大量の移民を入れたので，今では人口の半分がインド系なのだそうです。ここで言いたいのは，母語の回路がその国の外国語に与える影響の強さで，インドはそのもっとも顕著な例です。インドの友人に「あなたの英語は Inglish だ」と冗談を言って，「お前のは Janglish だ」と逆襲されたことがあります。インドに限らず，国際セミナーでの発言を聞いていると，その人がタイかフィリピンか香港かたいてい見当がつきます。よその国の人が私たちの英語を聞いたときも同じでしょう。

　色が着くのは自然の摂理ですから，対立さえ確保されていれば少しも卑下することなんかないわけです。

　英語は英語固有の音から成り立っています。それらの音は専用の回路を何千年も流れている間に形成され変化してきたものですから，自然に対立の役を果たしています。日常生活で発音が問題になるのは方言や俗語の一部だけでしょう。

この基本は日本語でも同じですが，日本語には同音異義語がやたらに多いという特色があります。パソコンの漢字変換で出てくる常用漢字もたいした数ですし，国語辞典の巻末にある一覧表では，1つの音に40も50もの漢字が並んでいることさえあります。英語では仮に発音記号を入力しても出てくる単語はたいてい1つです。oral と aural, sweet と suite のような同音の単語は例外的少数派です。日本語の音素はアルファベットと違い，そのまま単語になりうるという特性から生じる現象で，そこでは音だけでは対立は完成しません（アクセントによる区別は別項）。

そこで私たちは，電話などで聞きなれない言葉を聞くと，どういう字ですかと尋ねます。珍しい名前の場合もそうで，酒好きのナマイさんという友人は「生ビールのナマと井戸のイです」と言っていました。「対立」の責任の一部を文字が肩代わりしているのです。発音だけではどうにもならないという経験の積み重ねは，発音への信頼を弱めます。英語の発音学習に熱が入らないのは，日本語のこの特質の影響かもしれません。

カタカナ語の日本式発音がもたらす弊害は深刻です。念のため，ざっと見ておきましょう。

サンキュー，シンク・タンク，メソッドの th，シンガー，シルクの s など，すべてサ行で片づける。carve と curve, farm と firm, tarn と turn はどちらも「アー」で区別なし。but, bat, vat も valve, bulb も「バ」で済ませる。

また，まるで「娘一人に婿八人」みたいに1つのカタカナ語にいくつもの単語が対応する例も珍しくありませんが，音の違いには無頓着です。ロード〈road, rode, lord, load〉，レイン〈rain, rein, reign, lane〉などがそれです。これが英語に有害なのはわかりきったことで

すが，日本語回路の中で慣れ親しんだ発音の名残りを完全に払拭するのは簡単ではありません。

このようにして，日本語の音素の特異な性質や，日本語回路が私たちの英語の発音を変質させる作用をもっています。この点に改めて注意を向ければ，それらの影響で私たちの「対立」認識の甘さがはっきりしてきます。これが発音向上への第一歩です。

ラジオ，テレビ，CDを活用してホンモノに近づく練習も欠かせませんが，口と耳の働きと意識を「対立」，すなわち類似する音の識別に集中することによって，よりよい効果が得られるでしょう。

難しい音を上手に発音することでも，外人教師の音に近づくことでもなく，似て非なる音との確実な分離でなければなりません。つまり音の対立をはっきり意識することが実用的発音上達の鍵なのです。ところが，ここで二刀流がモノをいうわけですが，日本語には対立の役をしない音が多いため，私たちはこの意識が弱いようです。

反対に対立に影響がない場合には，かなりおかしな発音でも許されることがあります。ドイツ人もthは苦手とみえて，theを日本式のザに近く発音する人がいます。アメリカの黒人にはtheをdeですませる傾向があります。この場合は近くに類似の単語がなければ実害はありません。一方，インド人にはthをtにしてしまう人たちがいて，faith（信仰）がfate（運命）に化けて話が混乱したことがあります。私たちはthをきれいに発音することより，まずはサシスセソと区別することに注意を集中すべきでしょう。一にも対立，二にも対立。これさえしっかりしていれば，発音違いでヘマをやらかす心配はなくなるでしょう。

さて実用上はこれでいいとしても，俺は日本人だと開き直って，耳障りな発音で押し通すのは考えものです。言葉にもおしゃれが必要で

しょう。他人に不快感を与えるような服装で人前へ出ることがエチケットに反するのと同じです。言葉の身だしなみの要素の1つは発音の調整でしょう。英語を話すからには，少しでも綺麗に話したいものです。といっても欧米の俳優や声楽家のような美しさが手本ではなく，私たちのトレーニングの目標は，音声学が与えてくれる「標準」発音です。日本にいて発音を学ぶには，テープやCDを聞くのに加えて，歯，舌，唇，口蓋，声帯などの発音器官の働きから説き起こす音声学の助けを借りるのが上策だと思います。英米いずれを採るかは個人の好みと主な交際相手で決まるでしょう。

3 難しい音の盲点

① あちら側から

日本語を学ぶ英語圏の人々は，意外なところに発音の難しさを感じるようです。彼らが「机」を大変言いにくそうに chukue というのを聞いたことはありませんか。日本語のツはドイツ語の z に母音をつけたツァ，ツィ，ツゥ，ツェ，ツォの系列に属しますが，この音は英語にはないのです。ts の後に母音がつくことはなく，ツにいくらか近いのは to と tube だけです。そこでチュクエとなるわけです。ここにはもう1つ「ウ」の問題もからんでいるのですが，これは次の項で取り上げます。

彼らが困るもう1つの音は「ン」です。撥音（跳ねる音）の n を発音するとき，ヨーロッパのたいていの言葉では，舌の前部分は上の歯茎のすぐ後ろの口腔蓋に軽く押し付けられます。日本語の場合はどうでしょうか。ちょっとやってみてください。ンを言い終わったとき，

舌は下の歯の後ろにあるか宙ぶらりんかで,力のかからない自由な状態にあります。この形が彼らには難しいのです。n を発音すると舌が上顎にくっついているので,次の音と n がつながってしまいます。信頼は「シぬライ」,恋愛は「レぬアイ」となります。英語の n の発音記号には,［n］と［ŋ］とがありますが,日本語のンはそのいずれとも違います。難しい音は他にもいろいろあるでしょうが,比較の上で重要なのに見過ごされがちな 2 点だけを取り上げました。

蛇足になりますが,ヨーロッパ語の歌曲を聴くと n の特質がよくわかります。たとえばシューベルトの「野ばら」では,おおげさに仮名書きすると,「ザー　アイぬ　クナープ　アイぬ　レスライぬ　シュテーぬ」のように聞こえます。ご存じの方が多いと思います。

②　こちら側から

ここでも特殊な事例から入りましょう。まずは前項で扱った n です。「n＝ン」だと信じ込んでいる人も多く,違いがわかっていても,舌は言うことを聞いてくれません。英語を立派に使いこなしている人でもこれは難しいとみえて,英語の n の完璧な発音は滅多に聞かれません。どんなに上手にしゃべっても,n 1つで日本人であることがバレるそうです。

簡単そうで意外に難しい音の1つに「ウ」があります。ニュージーランドの小さな村でのホームパーティーでした。話し相手の若い奥さんが着けていたブローチの模様が織物のウールマークに似ていたので,そのことを話したつもりなのですが,これがぜんぜん通じないらしく,中途半端な微笑を浮かべて首をかしげるばかり。wool, wool（実はウール,ウール）と繰り返してもだめです。l の音は正しいはずなのに,どうしてもわかってもらえません。羊の毛で作った織物だと説明すると,Oh, wool! と言ってくれたその音は,ウールとは似ても似つ

3 難しい音の盲点

かないものでした。違いの第1は母音の長さです。カタカナ英語のせいで長いものと思い込んでいたのが失敗の元で，これは cook や foot と同じ短母音でした。第2は「ウ」の音です。日本語のウは唇を使わず口の中で出す平たくてはっきりしない音ですが，英語では唇をオに近く丸く突き出して発音します。これでは通じなかったのも当然です。

中学校で必ず取り上げられるのが l と r です。r はラリルレロに近いからとほったらかされ，もっぱら l の練習に力を入れることが多いようですが，もちろん難しいのは r の方です。ラリルレロは l でも r でもなく，しかも l に似た音も r に似た音もあるという奇妙なしろものです。日本語には l と r による意味の対立がないので，こんなあいまいさが許されるわけです。そのため，これは私だけかもしれませんが，迷路 labyrinth は l が先か r が先かと迷う始末です。

r といえば，オックスフォード大学出身の英語の先生から，ラ行の子音の発音は d に近い，と言われたことがあります。まさかと思われるでしょうが，口の形や舌の位置に注意しながら比べてみてください。たしかに似ていますね。偉大な発見でした。ラリルレロが r の代用品になりえないことはこれで決定的です。r の話はまだあります。ニュージーランド大使館員の若いご夫婦が2歳くらいの子供をつれて，私の家に遊びに来てくれたことがあります。坊やに絵本を見せたところ，彼はそれを妻のところへ持って行って，"Weed, weed." と言います。なんのことかわからず困っていると，ママが通訳してくれました。read，つまり読んでくださいということだったのです。幼い彼には r が難しくて w になったのでしょう。これは r を発音するときの舌の奥の方の位置は w のときとほとんど同じであることを示しています。ラ行との違いはこれでいっそうはっきりします。

次は母音です。early, person, virgin, curtain など音声学で shwa

と呼ぶ曖昧音が聞くにもしゃべるにも難物であることは言うまでもありませんが、その重要性が見落とされることはないでしょうからここでは取り上げません。母音の中で、無視あるいは軽視されがちなのは o の二重母音です。tomato, piano, radio など語尾の o はオで済ませ、odour, hope, cone, toll などはオーになることが多いのですが、これらは全部 [ou] です。

念のため付け加えれば、o の文字を含む単語で長母音のオーになるのは or が主で、あとは ough などごくわずかです。オーはむしろ au, aw, al など o のない場合の方が多いことを銘記しておけば、まちがいは少なくなるでしょう。まちがえてもたいしたことはなさそうですが、時には困ることもあります。ある国際交流グループで、今月の行事は「ボール」にしようと言われて bowl（ボーリング）だと思ったのですが、それは ball（ダンス・パーティー）でした。ボーリングなら [ou] のはずなのに、聞き分けられなかったのです。なんたる

R音さまざま

Rの音はヨーロッパ語の中でも実にさまざまです。日本の大衆的歌手には、カタカナ英語のRを巻き舌で歌う人がいますが、これは滑稽です。巻き舌はスペイン語、イタリア語や江戸っ子のべらんめえくらいなもので、もちろん英語にはありません。ドイツ語にはややそれに似た音がありますが、これは舌の先ではなく、のど仏を震わせるのだそうです。フランス語はまた一段と変わっています。喉の奥の方で出すあの奇妙な音は、バッハの ch（ドイツ語）、ハラショーの x（ロシア語）に似た感じです。ロシア語のRは一応ラ行の仲間に聞こえますが、スペイン語のそれよりはるかに強く重たい一種の巻き舌です。大仏次郎の少年小説にロシアを「オロシア」としてあったのを覚えています。あの重厚な「ロ」が昔の日本人にはそのように聞こえたのでしょう。

お粗末。

　もう1つの盲点は，[ei] です。日本語では take, lake, date, game はすべてテーク，レーク，デート，ゲームと長母音にしていますが，英語では必ず二重母音 [ei] です。英語にはなぜか [e] という音の長母音 [e:] は存在しないのです。私の知る限りでは，これは他のヨーロッパ語には見られない英語だけの特質です。なお日本語では，栄光，礼儀，警察をエーコー，レーギ，ケーサツでも通じます。日本語には二重母音という観念がないからで，これは英語との大きな違いです。

4　文字と音声

(1) 日本語発音の易と難
① 五十音の異分子「シ」「チ」「ツ」

　五十音といっても今では45しかありませんが，アルファベットに相当する総称はこれしかありませんし，昔は50だったのですから，これで通すことにします。

「絵」は「ゑ」

　古い話で恐縮ですが，昭和の初め私が小学生の頃には，ローマ字のiに当たる文字が2つありました。い・イ；ゐ・ヰです。「居る」のときは後の方を使うのです。eも2つで，え・エ；ゑ・ヱです。「絵」は難しい方でした。発音も，難しい wi, ie という感じの強い音でした。「お」と「を」もこれらと同じ関係で，「を」は九州のどこかでは「お」と区別して wo と発音します。

日本語には子音文字がありませんから，音の成り立ちを示すにはローマ字に頼らざるをえません。矩形(くけい)の右縦の AIUEO と，上横のAKSTNHMYRW とを組み合わせれば，五十音がきれいに整序されます。ところがよく見ると，仲間外れの音が4つあるのです。

「シ」はS行に置かれていますが，その音はs+iではなくて，shiに近く，シャ，シュ，シェ，ショの系列に属します。shiの英語の発音はシとかなり違いますが，通じないほどではありません。

「チ」はT行にありますが，音はt+iではなくchiで，これはチャ，チュ，チェ，チョ系列です。この場合はチと英語流のchiの開きはかなり大きくて，「マッチをください」ではmatchはもらえないことがあります。チは唇を使わず口の中で出しますが，chiはチュと同じ唇の形になります。

「ツ」は前に触れました。ヘボン式ローマ字ではtsuで，T行には納まりません。

「フ」は hu でも fu でもなく，ハ行とはいえません。who を短くしたら一番近いでしょう。

日本語の音素の体系に見られるこのような非整合性は私たちには少しも気になりませんが，外国人に教えるときには要注意です。

② キンコンカネゴン

日本語を学ぶ外国人にとって漢字は高いハードルですが，漢字なしでは日本語の真髄に触れることはできませんから，正規の日本語学校では，困難を承知で初めから漢字を習得させるところが多いようです。大学で日本語の単位を取ってから来日したニュージーランドの女性が，漢字は大変で，「金はキンコンカネゴン」という調子で，夢中で暗記したのだと言っていました。漢字の読み書き能力の向上は日本人にと

っても大きな課題です。大学生のゼミで質問を促すと,「この字は何と読むんですか」と臆面もなく聞いてくるのは困ったものです。書く能力はパソコンや電子辞書が補ってくれますが,読めなくてはそれも利用できません。

ところで,日本語では仮名はそのまま音になりますし,漢字も読み方さえわかれば発音に苦労はありません。わずかの音の違いで意味が狂うことはないのです。この点,英語とは大違いです。反対に,アクセントの違いだけで別の単語になるのは,英語では日本語ほど多くありません。アクセントが悪いと通じないことはよくありますが,別の単語になることはまれです。

言語汚染

現代日本人は漢字に弱くなりました。「近頃の若い者」だけでなく,大学教授,評論家,俳優,アナウンサーなど教育も教養もあるはずの人たちの間にさえ,ひどい読み違いが少なくないのです。拙著『言語汚染―ウイルスに冒された言葉のプロたち』から,まさかと思われるような例をお目にかけましょう。( )は彼らの読み方です。

　　鬼気迫る（オニケ）――文芸評論家
　　ローマの版図（ハンズ）――放送大学教授
　　交通の要衝（ヨウショ）――文化講演の作家
　　景気回復の曙光（ショクコウ）――時事解説
　　胸襟を開いて（ムナエリ）――テレビ・ドラマ
　　仮病をつかって（カビョウ）――同上
　　静脈の浮いた皮膚（セイミャク）――朗読テープ
　　駿馬を駆って（シュンバ）――同上
　　惨状を目のあたりにして（メ）――ニュース・キャスター
　　流れ弾にあたって（ナガレダン）――中東特派員報告
漢字は読めれば発音できるといっても,これでは困ったものです。

(2) 読み方と発音は別もの
① 読み方の法則

　漢字の読み方には一般法則はないので，知らない字に出会ったら，辞書を引くか教わるしかありません。忘れたらそれっきりです。そこへいくと英語は便利です。アルファベットの文字あるいはその組み合わせの読み方に，簡単で使いやすい法則があるので，それを活用すれば，知らない単語でも，なんとか読めるというわけです。

　［母音＋子音＋e］の母音は，アルファベットの発音通り，aは[ei]，iは[ai]，uは[ju:]，eは[i:]，oは[ou]と読むことが多いので，その辺りが読みにくいときは，まずこれを試してみることです。radiate, textile, commune, compete, prone などでやってみてください。come, love, live などの例外もありますが，結構役に立ちます。

　組み合わせでは，ir, ur, er, ear は[ə:]。ただし heart は例外。ar は[ɑ:]ですが，wのあとでは[ɔ:]。or は通常[ɔ:]で，wのあと

難読地名

　英語は本来不規則で例外の多い言語です。音の法則があるといってもあるところまでで，読めない綴りがたくさんあります。ことに地名には，日本でもそうですが，おかしなものがたくさんあります。Loughborough（ラフバラ），Leicester（レスター），Carlisle（カーライル）など綴りのとおりでは切符は買えません。cester はローマ軍の駐屯地，borough は中世都市の城壁のことで，この語尾の町はたくさんあります。ヨークシャーに Keighly という町があります。ブロンテの「嵐が丘」の舞台になった所の近くですが，この gh はなんと th のように発音するのです。近所に住む農家のご主人が教えてくれたのですが，奥さんは What a silly name! と笑っていました。土地っ子でなければ，イギリス人でも正しく（？）読むことはできないでしょう。

では[əː]となります。aw はつねに [ɔː] で，au も aunt と laugh 以外は同じく [ɔː]。と，まあこんな具合です。このような便利な特質があるのに，自分で読もうとせず，すぐ人に聞く人が多いのは，法則をもたない漢字の場合が習慣になっているためかもしれません。

英語の勉強ではどんな時でも必ず声を出して読めと言われています。英語用の回路をつくるにはそれが不可欠ですが，読めない単語が多いと，声を出すのがついおっくうになります。自分で読み方を見出す力をつけることが望まれるわけです。

②　音と綴り

文字を見てその音を知るのと，実際に音を出したり聞き取ったりすることとが別だという英語の特色を踏まえて，先へ進みましょう。いわゆる発音問題は文字と音の関係に関する知識のテストにすぎません。言葉は文字以前からあったのですから，発音の本質は文字とは無関係です。その習得には若干の基礎知識と大量のトレーニングが必要です。発音に関して辞書の使い方を採点すると，意味を知るだけは可。発音記号を見れば良。必ずアクセントに注意すれば優。優はあまりいないようですね。

③　アクセント

発音は当然アクセントを含みますから，アクセントを考えないときは，「音」と呼ぶことにします。そこで音とアクセントの関係ですが，これは食材と調味料ではなく，食物とビタミンの関係です。後から加えるのではなく，本来含まれているもので，足りなければ錠剤で補います。vitamin は生命維持に不可欠です（vita はラテン語で life）。アクセントは単語の生命です。

英語のアクセントには一般的な法則はないようなものです。法則と称するものを30近くも挙げた本もありますが，多すぎる上に例外だらけで役に立ちません。

ge<u>o</u>graphy（地理学），phot<u>o</u>graphy（写真術），soci<u>o</u>logy（社会学），arche<u>o</u>logy（考古学），dem<u>o</u>cracy（民主政治），arist<u>o</u>cracy（貴族政治）などでは，graphy, logy, cacy の直前の母音（下線）に必ずアクセントがあります。

また engineer, employee, career, volunteer など e が重なるときは，そこにアクセントと決まっています。残念ながら，このような法則はほんの少ししかありません。漢字の読み同様，1つ1つ覚えることになります。

heat は「食べる」？

ロンドンの江戸っ子に当たるコクニー（cockney）が，語頭の H を落として発音することは，ミュージカル My Fair Lady で有名になりましたが，この癖はイギリスの田舎でもみられます。そこまではまあいいのですが，あるとき知り合いの農家の雇い人（farm worker と呼ばれます）と料理の話をしていると，彼がしきりに heat, heat と言います。加熱することかと思いましたが，どうも意味が通りません。なんとそれは eat でした。落とすのと反対に，ない所に H を入れる人もいることをそのとき知りました。後にニュージーランドの田舎でも，そういう人に出会ったことがあります。よく知られているように，フランス語やスペイン語では語頭の H は読みません。イタリア語には H で始まる単語はないので，こんな言葉遊びがあるそうです（アルファベットの H の名称はアッカといいます）。「アッカで始まる単語を知ってるかい？」「そんな単語ないよ」「あるんだよ，アッカデミア（accademia）だ」。英語の academy です。

アクセントの働きは思いがけないところに現れます。イギリス人を囲んで教授連中が英語で話し合うグループでのこと。歴史の先生がエリザベス一世のことを言い出したのですが、これが通じません。1もth もかなり良い発音でしたが、1にあるべきアクセントが za にずれていたのが敗因でした。反対に、音は少々あやしくても、アクセントのおかげで通用することもあります。こんな特殊な場合だけでなく、とにかくアクセントに強くならなければ、英語らしい英語にはなりません。それなのに、そのための学習に割り当てられる時間はあまりにも少なく、アクセントは軽く扱われているようで、プロの通訳さんでさえアクセントに弱い人がいます。国際研修機関で prot<u>ei</u>n, contrib-<u>ute</u> が下線部にアクセントを置いて発音されるのを、たびたび耳にしました。残念なことですが、ここにも日本語回路の影響がありそうです。

英語は強弱アクセント、日本語は高低アクセントだといいます。前者は強勢（stress）を置く音節、後者は高く発音する音節、という違いです。耳に与える感じは前者はシャープ、後者はマイルドです。日本語の回路にどぎつい強勢が現れるのは、喧嘩や白熱した論戦のときくらいでしょう。英語が求めるシャープで、ときにはドギツイほどの stress がうまくいかないのは、仕方がないのかもしれません。英語のアクセントをモノにするには、まず日英のこの相違をしっかりつかんでおくことです。

英語では stress が本当ですが、カタカナのストレスは別の意味で広く使われているので、アクセントで通すことにしました。なお accent はいろいろの意味に使われ、He speaks good English with slight foreign accent. では、「外国なまり」といった感じになります。

英語のアクセントに及ぼす日本語の影響は，これだけにとどまりません。現代の日本人はアクセントに寛大，というよりルーズです。「馬子にも衣装」がアクセント違いで「孫にも」に化けたり，「厚い思い」「熱い氷」が堂々と使われています。アナウンサーまでが勝手なアクセントでしゃべるのを，世間は平気で聞き流しています。日本語回路の気安さで，ふだんは見過ごしているアクセント事情を整理してみましょう。

　第1群は音もアクセントも同じで，耳では区別できないもの。先頭・戦闘・尖塔，成功・精巧・西郊・性向・製鋼・性交，対象・対照・対称，創造・想像，確信・核心・革新。これらがもとでとんだ話の行き違いが生じたり，「どっちを取るか選択せにゃあかんやろ」「洗濯なら毎日やっとるで」と漫才のギャグにもなります。いずれにせよ，ここではアクセントが意識されることはありません。

　第2群は，異なるアクセントが混同されたり，反対になったりすることが多く，それが無視されているもの。まちがえても前後関係や状況から判断できるので，訂正も批判もされずにまかり通っています。以下の下線はアクセントの位置です。<u>河</u>川：架<u>線</u>，<u>剣</u>道：献<u>堂</u>，<u>債</u>権：再<u>建</u>。厚いと<u>熱</u>い，もこのたぐいです。

　近頃はニュースの中でも，どっちのつもりだかわからないことがよくあります。3群は，ぜひとも守ってもらいたいアクセントです。「馬子にも衣装髪形」が孫にされては，味わい深い庶民の人生哲学が台無しです。「五重の塔」は仏教建築の特殊な様式です。50というただの数詞のように読まれてはたまりません。「三枚におろす」も同様。<u>三</u>枚と読んでは，魚屋さんや板前さんが泣きます。「天満宮」は天満宮ではなく，四<u>畳</u>半は特別の意味を持つ部屋で，4.5畳ではないのです。伝統的な言葉に限らず，釜と鎌，神と紙，そして厚いと熱いなど，

区別すべき多くの言葉が，乱れるままになっています。

このような無関心，無神経にならされていれば，英語のときもアクセントは調味料くらいにしかみられないようになるわけです。たいていの国語辞典では見出し語に標準アクセントが示してありますが，これを利用する人は滅多になさそうです。

スペイン語では，末尾が母音またはnかsなら終わりから2番目，それ以外は最後の音節にアクセントがあり，これから外れる場合は，必ずアクセント記号が付けてあります。このようにアクセントに厳格な国民なら，あの厄介な英語のアクセントにも真剣に取り組むことでしょう。その不規則性に文句を言いながら。

とにかく，私たちの英語にも，日本語の現状にとっても，アクセントは悩みの種です。

発音のまとめ

日本語では漢字が読めさえすれば，音を発するのに苦労はありません。発音の微妙な違いで意味が狂う心配はなく，同音異義語は文字で片づきます。アクセントにしても決定的な意味のズレを招くような言葉はそれほど多くなく，おかしなアクセントでもたいていは見当がつきます。というわけで，私たちは発音に対してまことに呑気でおおらかです。それは母語だから当然というだけではなく，日本語の特質がそうさせているのです。このありがたい得質は，もちろん英語にはありませんから，回路の作成にあたっては頭の切り替えが求められます。すでに見たように，英語の発音学習には3つの要素があります。綴りを読む能力，音を出す能力，聞き取る能力です。これらは実用上1つのものの3つの側面ですから，同時併行してこそ意味があり，効果が上がるのです。ところが学校では，発音に当てられたわずかの時間は

主として口を開く練習で、綴りと音の関係がちょっぴり、聞き取りは、入試直前のリスニング対策。このようにバラバラでは、どの1つもたいした成果は期待できません。さらにまた、発音練習は、音素、単語、文の3段階で行うことが必要です。発音器官の使い方を理解した上での音素の発音、単語の発音、そして抑揚を伴うセンテンスの発音。いきなり単語から始めてそれだけに終始したのでは、いざ本番というとき、うまく流れてくれるかどうか。

　これらのどの要素にも英語と日本語の違いがあり、それが私たちの英語の発音に影響していることは、これまで見てきたとおりです。けれどもそこにはもちろん個人差があります。自分の英語発音の長所短所、自分の日本語の発音やアクセントに照らして具体的に検討することによって、二刀流の大きな効果が期待できます。

第2章

単語の料理帳

1 活魚と標本

　単語は文の中で覚えるのがいい，といわれています。文脈の中にきれいに納まっているのですから，その単語はその意味でなら，英語の回路を自由に泳ぐことができます。英和辞書の訳語で覚えた単語は標本みたいなもので，命を吹き込まないと泳げません。辞書の例文は水槽の中の魚です。

　「文の中で」は基本ですが，それだけにこだわるのは危険です。ドアのハンドルを fix する，というのを「修理」と覚え込んで，それ以来 fix はすべて「修理」で押し通そうとする人がいました。言葉の意味や使い方には，英語にも日本語にも広い幅があることはいうまでもなく，訳すとはその間の橋渡しをすることです。一方では文中で深い微妙な意味をつかみ，他方辞書によって使い道の幅を広げ，さらにニュアンスを確かめるために例文を活用する。この姿勢が正しい訳の条件です。

　また単語には，安定した中心部と流動的な周辺部とがあります。dog が犬であって猫でも猿でもないのは中心部で，負け犬だの警察のイヌだのは周辺部です。周辺部に文化の違いが出るのは当然ですが，中心部といえども安心はできません。イギリスと日本ではテリヤと秋田犬のような種類の違いがあり，これは自然条件。イギリス人になじみ深い牧羊犬や乗馬で狐を追うときの猟犬は私たちとは無縁です。これは社会的条件です。訳すとは2つの回路を乗り換えることですから，異文化の境を越えるわけです。そう考えると，言葉に橋はかけられないはずで，訳すには，渡し舟で英語の岸を出て，対岸に適切な船着場を探す仕事ということになります。小説や詩の翻訳をする人はそうし

ているのでしょう。私たちにはそこまで徹底することはできませんが，とにかく，文中でも辞書でも「一語一訳」に陥らないよう，頭はいつも柔らかくしておきたいものです。

犯人探し。私は推理小説が好きで Agatha Christy の全作品80余編を読み通しましたが，ふと考えてみると，「犯人」にあたる単語は何だったか思い出せません。thief, burglar, murderer, swindler, smugler そして suspect, convict, criminal とぞろぞろ出てくるのですが，日本でいう「犯人」に合うものは見当たりません。仕方なく和英を引いてみたら culprit とあります。英和でこの単語を引くと「犯人」が出てきます。そして「窓を壊したのは誰か調べてみたら息子が culprit だった」という例文が載っていました。しかし作品中でこの言葉にお目にかかった記憶がないので，念のため Oxford のポ

ミルクと水

milk＝牛乳ではない。戦後間もない頃，地方の小さな駅前食堂で「牛乳10円ミルク15円」というのを見ました。缶入りのミルクはコンデンス・ミルクを薄めたもので甘いのです。これは日本での話。

Don't cry over spilt milk. は「覆水盆に返らず」と意訳されます。ピタリの名訳といえそうですが，milk と水の違いは，普通に考えられるよりはるかに大きいのです。ニュージーランドにいたとき，車の旅によくモーテルを使いました。日本のラブホテルみたいなあれではなく，イギリスの BB（Bed and Breakfast）からあとのBを除いたようなものです。カウンターでパスポートを見せ，車のキーを預けると，部屋の鍵と一緒に必ず牛乳700ccほどの瓶を渡してくれます。例外はありませんでした。

また復活祭の日曜日でも DAIRY の店だけは開いていました。欧米人には，milk は米，味噌のように絶対に欠かせないものなのです（dairy は牛乳や乳製品を生産する酪農農場またはそれを売る店）。

ケット辞書にあたってみると，culprit とは person who has committed a slight offence でした。つまり殺人，強盗，詐欺などの犯人一般ではないのです。「窓ガラスを壊した犯人」という英和辞書の用例は正しかったのです。結局「犯人」は見つかりませんでした。

ついでですが，和英で見つけた単語をそのまま使うのは大変危険です。必ず英和で本来の意味と使い方を確かめ，さらに欲を言えば英英を参照することをお薦めします。

もうひとこと
「言葉」ということば。
　　word order は，ことばの並べ方
　　express in words は，ことばに表す
　　medical term は，医療関係のことば
　　congratulatory address は，お祝いのことば
　　foreign language は，外国のことば
というわけで，word も words も term も address も language も，やまと言葉ではすべて「ことば」で間に合います。本書ではこのありがたい特質を活用させてもらうことが多いのですが，時には対応する英語を頭に浮かべて，正確な意味をチェックしてください。

2　学習用語も要注意

単語（word）と熟語（idiom）を覚えるのはなかなかの大仕事です。ところで，英語の単語・熟語と日本語の単語・熟語とは同じものでしょうか。英語では主語と動詞を含まない word の集まりが

phrase で，その中の特別の意味を持った「言いならわし」が idiom です。これが熟語ですが，日本語の熟語の定義は違います。国語辞典レベルでは簡単に「言葉や文字の組み合わせによって別の意味になった言葉」と説明されています。確かに，「世界」は「世＋界」ではなく，「平和」は「平＋和」ではありませんが，これらを idiom といえるでしょうか。4つの漢字は単独では意味も読み方さえも不確定ですから，文の構成要素としての単語とはいえません。それぞれ2文字からなる「平和」と「世界」とが peace と world という単語の役をしているのです。「世界平和」という四字熟語になれば，これは立派な idiom です。小うるさい理屈をこねましたが，idiom＝熟語と安心するわけにはいかないということです。

　「読んで訳す」もよく聞く言葉です。「次の英文を訳せ」は試験問題の1つの定型です。試験の答案には，書いた当人でもわかるまいと思われる迷文が出てきます。これは，英語の単語を頭に浮んだ日本語に置き換え，それを並べ替えた結果なのでしょう。単語が意味を持つのは，英語の文脈の中においてであり，日本語も同じですから，切り離した単語を英から日へ移しても，それがそのまま日本語回路を流れるというわけにはいきません。回路の乗り換えには2段階の作業が必要です。まず英語のままで内容を把握すること。次につかんだ内容を日本語で表現することです。後者は国語力で片づくことですから，大切なのは前者ですが，「訳さずに理解する」のは簡単ではありません。そのコツを会得するには，一時日本語を棚上げする工夫が必要でしょう。参考までに初歩的なトレーニングの例を挙げておきましょう。

　〔工夫1〕　英英辞書で遊ぶ。英語圏の小中学校の生徒が使う辞書から始めます。table, pin, soup, candle などよく知っている単語をひいて，なるほどと巧みな説明に感心する。見出し語を隠して

説明を読み，その単語を当てる。
〔工夫2〕 風景，室内装飾，物の構造などの文に出会ったら，説明にしたがってその絵や略図を描いてみる。
〔工夫3〕 多読。小説でも童話でも，自分のレベルより下の辞書なしで読めるものをたくさん読む。もちろん毎日欠かさずに。

英語の stress については前に触れましたが，あそこでは便宜上アクセントと呼んでいました。しかし強弱アクセントの特色を十分に発揮させるためには，日本語の場合と同じ言葉は不適当です。ストレスよりもっと強い印象を与える名称として，「強勢」はどうでしょうか。いつもビートを利かせた強いリズムで読んだりしゃべったりすることを心がけていれば，強勢とよぼうがアクセントと言おうがかまいませんが。こんな場面でも，日本語の影響に留意したいということです。

3 「文法」この嫌われもの

文法大好きという人はあまりいないようです。訳読・文法本位の旧式英語教育という批判や，会話には文法なんかいらないという声にも関係がありそうですが，もう1つ，複雑難解で役に立たない（と思われている）国文法の楽しくない記憶にも責任があるのかもしれません。国文法も明治の誕生以来かなり変化してきたようですが，その基本的性格は，言語としての特質を分析して記述したものです。英文法では，同様の記述文法に加えて，学習の指針とするための実用文法が発達しています。私たちが学ぶのはもちろん後者で，それは「言葉の並べ方，使い方」のルールでありガイドラインであって，マニュアルといえるほど具体的なところさえあります。誤解に基づく文法嫌いのため，こ

3 「文法」この嫌われもの

のせっかくの親切が充分に活かされていないのはもったいないことです。

英文法と仲良くなれるように，2つの「文法」の間に横たわる根本的な相違の一端を，さしあたり品詞の名前について見ておきましょう。

品詞には，助詞や形容動詞のように一方にしかないものもありますが，多くは日英共通です。その中には同じ名前で内容がまるで違うものがあります。うっかり違いを見過ごしていると，理解が混乱して，学習能率の低下を招きかねません。

要注意のトップは「助動詞」。日本語の助動詞は動詞だけでなく名詞に付くこともあり，一人歩きするものさえあります。「桜が咲いた」「染井吉野だ」「きれいだ」これらは助詞といってもいいくらい軽い感じですが，日本語では立派な助動詞です。英語ではいうまでもなく，必ず動詞のお供と決まっています。他の品詞は相手にせず，単独行動はありえません。Yes, I will. や So do I. などでも動詞はちゃんと陰に控えています。普段は大丈夫ですが，複雑な英作文になるとお供だけで主人のいない文が出てくるのは，日本語のややこしい助動詞のために助動詞の観念がボケているせいかもしれません。auxiliary verb（助動詞）の auxiliary は軍事用語では援軍のことで，本隊なしでは闘えない部隊です。

2番手は形容詞です。日本語の形容詞は動詞みたいな格変化があり，形容動詞というおかしな親戚がいる上に，時には一人前の用言の働きをします。英語では，これもわかりきったことですが，形容詞（adjective）は be 動詞をはじめ get, make, feel など特別の間柄にある動詞の助けが不可欠です。英作文や会話で，動詞を忘れた形容詞が時たま見られるのも，やはり「形容詞＝adjective」という不正確な訳語の影響がありそうです。

これらの品詞の働きに見られるいっそう重要な考察は，後の各章の課題です。

「言葉の並べ方・使い方の法則」としての文法は，英語回路の骨組みです。私たちの回路を作る上でも，彼らの回路の内容に近いものにするためにも，なくてはならないものです。誤解に基づく食わず嫌いが少しでもあったら，これは一掃しておかなければなりません。それにはまず文法用語の意味のズレをはっきりさせることです。

なお国文法にも時とともに変化があり，ことに近年は日本語を学ぶ

外国人のための日本語文法

外国人向けの日本語文法がどんなに簡明で使いやすいか，ちょっとのぞいてみましょう。

まず10品詞が名詞，動詞，形容詞，副詞，助詞の５つに整理されます。代名詞は名詞に，形容動詞は形容詞に含まれ，助動詞と簡単な接続詞は動詞の語尾として扱われます。英語の助動詞とは似ても似つかないあのうるさい助動詞から，これで解放されます。５種類の活用に代わって，動詞は第１，第２および特殊の３グループに分類されます。「食べる」「着る」「走る」「取る」など辞書形が「る」で終わるものは第１グループ，「待つ」「買う」「歌う」「住む」「飲む」のように「う [u]」で終われば第２グループ，そしてカ変，サ変の「来る」「する」は特殊というわけです。終止形は辞書に出てくる形ですから辞書形と呼び，「食べテ」「走ッテ」などの連用形は「テ形」と呼ぶなど，用語にも工夫が見られます。これを使えば，たとえば，受け身を作るには，第１グループなら，テ形から「て」または「って」を取って「られる」を付けなさい，といとも簡単に教えられます。

これが決定版ということではなく，なお研究が進んでいるようです。中学，高校の国文法も，従来の複雑で難しい体系とは別に，まったく新しい立場から，良い日本語，正しい日本語の指針として使える実用文法の樹立を考えてもらいたいものです。

外国人の急増にともない，既存の体系から大胆に離脱した日本語文法が生まれています。それらの中には，大変わかりやすくて学校文法に取り入れたいような工夫も見られますが，反面素人にもわかる難点もあり，体系として仕上がるのにはまだ時間がかかるでしょう。

第3章

回路の立役者「動詞」

1 VERB とは？

　動詞とは何だろうと，改めて辞書に当たってみました。英和ではverb＝動詞。愛用の Oxford ポケット辞書では，word that indicates action, occurance, being.『広辞苑』では，「事物の活動，作用，状態，存在を示す言葉」で，あとに活用についての長たらしくわかりにくい説明が付いていました。簡単な説明では，英語の verb と日本語の動詞はほぼ同じに見えるのですが，実は単語としてもかなりの相違があります。

　まず be 動詞の存在です。すべての動詞の中で使う機会が圧倒的に多い be 動詞は，名詞や形容詞をしたがえて叙述の働きをしたり，現在分詞，過去分詞と結合して進行形や受動態を作るなど，助動詞に似た役をするのが本業です。動詞らしく独立の姿を見せる Glory be to God.（神に栄光あれ）のように，be が単独で「存在する」という意味になることはあまりありません。こんな動詞は日本語にはありませんから，使い方に戸惑うこともありえます。

　過去形，過去分詞という形も英語本来のもの。現在形は現在のことに限らず，過去形は過去のことだけではないのに，生徒にも先生にもこれを過去，現在と不用意に呼ぶ人がいるのは困ったものです。過去分詞はまったく異質ですが，使い方の法則が案外簡単なので，あまり問題はなく，なんといってもありがたいのは，日本語の動詞のあのややこしい活用がないことです。英語の動詞において，最大の力点を置くべき要因は次節以下で取り上げます。

2　16個の基本動詞で何でも言える

　伝達する情報の素材を担うのは名詞ですが，それらを関係づけて論理を組み立てるのは動詞の役割です。SVOC の V の座席に，知らない単語が居座っているために文意が解けないということがよくあります。読んだり聞いたりの場合は，どんな動詞を使うかは相手次第ですからどうしようもありませんが，自分が書いたり話したりするときには，なるべく易しい単語を使うように心がけたいものです。それには少数の基本動詞をマスターしてそれをフル活用することです。

　ここでちょっとわき道にそれますが，C. K. Ogden 博士の "Basic English" を紹介しておきましょう。オグデンさんは，教育のあるイギリス人は日常使っている約2万語の中から，他の易しい言葉で言い換えられる単語を片っ端から消去して1000語まで減らし，さらにふるいにかけて，850語を選びました（2万語は英字新聞を読むのにも必要といわれています）。オグデンさんに言わせると，ふつうの生活の中で言いたいことは，すべてこの850でまにあうのだそうです。その意味でこれが Basic English と名づけられました。一番多いのが名詞で約600，そして動詞はなんとたったの16しかありません（come, get, give, go, keep, let, make, put, seem, take, be, do, have, say, see, send）。

　まさか，と疑いたくなるでしょうが，彼の説明を聞くとうなずけます。これらの動詞と，名詞，代名詞，形容詞，副詞，前置詞を上手に組み合わせれば，確かにたいていのことは言い表せます。be 動詞が大活躍することは言うまでもありません。オグデンさんを持ち出すまでもなく，これらの多くを私たちは慣用句として使っているではあり

ませんか。彼はそれを徹底させたのです。

　いやその前に，これらの単語はそれ自身驚くほど多様な使い方を備えています。中学1年生は，「get 得る」「take 取る」「make 作る」「have 持つ」と教えられるでしょうが，get には状態の変化を動的に示す働きがあり，have と make には使役という助動詞的な使い道もあります。わずか16でも，ほんとうに活かすことができれば，何十倍何百倍にも使えそうです。

　1つの動詞が多様な意味や使い方を持つのは日本語でも同じですが，他の品詞と組み合わせて多くの用途を創り出す方法は，発想も形もまったく違います。けれども脳細胞の訓練が進めば，既製品を覚えるだけでなく，相手に通じるような言い回しを自分で創り出すことも，不可能ではないでしょう。

　難しい言葉を易しく言い換えることについては，国際語としての英語の問題に関連して，後でもう一度取り上げます。

　反対に，日本語にあって英語にないのは，動詞を重ねる複合動詞。「使い尽くす」「探し回る」「食べ終わる」のたぐいです。英語では，use up（副詞），look about for（副詞と前置詞），finish eating（動名詞）となり，動詞だけが続くことはありません。Go get changed.（行って着替えなさい）という形はありますが，この get は to 抜き不定詞と考えられます。

　オグデンさんの方式を全面的に受け入れるつもりはありませんが，少量少数の基礎を確実にモノにした上で，それを自由自在に応用する力を身につける。これが「基礎が大切」ということの本来の意味でしょう。

3　名詞が変身！

We are going to station this regiment near the station.
（この連隊は駅の近くに配置する）
Who is able to engineer such a complicated cruel crime but HE?
（こんな複雑で冷酷な犯罪をやってのけられるのは，あの男しかいない）
Did you see her cup her chin with both hands, meditating?
（彼女が顎を手で支えて考え込んでいるのを見ましたか）

　station, engineer, cup, いずれもふだん名詞と思い込んでいる単語ですが，すんなりと動詞に取れたでしょうか。

　station は「駅」のほかニュージーランドでは大規模な羊の牧場を sheep station（アメリカの ranch）といいますが，たまには動詞になります。「（何かの位置を）定める」「配備する」など。

　engineer は思いもよらない大変身。陰謀や大きな犯罪を「もくろむ，仕組む」こと。エンジニアの仕事とは無関係のようですが，緻密で体系的な頭の働きは共通です。

　cup はコーヒーカップよりも優勝カップの形を考えてください。肘をテーブルについて，手首を合わせ手のひらで顎を包んだ形がカップに似ているというわけです。

　この種の意外な変身をする単語は少ししかありませんが，SVOC の V の位置に主動詞が見当たらないときは，近くの名詞に嫌疑をかけることです。

　post, report, plan, dance など，いつも名詞，動詞の両方に使っ

ている単語には問題ありませんし，glory—glorify, memory—memorize, power—enpower, courage—discourage のように，語頭や語尾に細工をして動詞にするのも見慣れた形です。water（植物に水をやる），dust（ほこりを払う），comb（櫛けずる），iron（アイロンをかける），condition（コンディションを整える）のような動詞化も理屈が通っているので簡単です。これらすべては，数少ない基本動詞に対する有力な援軍です。engineer のような例外的な変身もそういうことがありうると知っていれば，いざというときまごつくことはないでしょう。

　日本語には名詞と動詞を兼ねる単語はありません。動詞には活用があり名詞にはそれがないのですから，これは不可能です。その代わり，日本語では，熟語の多くが「する」を付けるだけで動詞になります。教育，生長，決断，空想，粉骨砕身，等々，行動，動作，物や心の動きの意味を含む言葉はすべてそうです。逆に動詞から活用部分を削り取れば名詞になるといってもよく，とにかく変換はいとも簡単です。

　昭和前期のインテリの間で，「哲学する」という言葉がはやったことがあります。これはドイツ語の Philosophie の動詞 philosophieren（哲学的な深い思索をする）からきたものですが，「哲学」に「する」を付けるのは無理な造語です。戦争がたけなわになると今度は「科学する心」が称揚されるようになります。軍事技術の発達に資するため，大学では理科系の定員が大幅に増やされた時代です。こうして合わないものを無理に合わせるのは，その異常性によってキャッチフレーズとしてのインパクトを強めるためでしょう。戦後ある時期のコマーシャルに「タバコ　する？」というのが現れましたが，これも名詞の動詞化の誤りで奇を狙ったわけです。

　これらは2つのことを示唆しています。日本人の頭の中には，「す

る」を付けられる名詞と付けられない名詞とを区別する法則があるらしいこと。同時に，それを破る変則造語を楽しむ心があることです。異常を楽しむことが可能なのは，「する」を付けられる場合が圧倒的に多いためと思われます。

　英語にも名詞を無理に動詞化して面白がるようなジョークがあるかどうか。調べたことはありませんが，おそらくないでしょう。日本人の脳細胞を暴走させて，gy や ize でおかしな新語を捏造したりしないように気をつけたいものです。

4　自動詞と他動詞——その身分と職責

　自動詞・他動詞についておよそのことは誰でも知っていますが，その理解は万全でしょうか。ビタミンは知っていても，その作用や効用はよくわからないので，安全な服用には医師の指導が必要です。英語では自他の区別は実用上きわめて重要な役割を負っていますが，なぜか日本語では大変粗末にされていて，国文法では無視されることが多いのです。このことが英語に与える影響は少なくないと思われます。

　自動詞・他動詞というと，自分と他人を連想しますが，辞書に出てくる vi, vt の i と t にはそんな意味はありません。

　t は transitive で，何かから何かへ移行すること。i は intransitive で，移行しないという意味です。移行とは，相手の領域に乗り込んでその相手に働きかけることです。他動詞は胸の前に必ず「目的語」という箱を抱え，その中の名詞や代名詞に働きかけます。もう1つの箱あるいは袋を付け加えることもあります（Ⅲ，Ⅳ，Ⅴ文型）。自動詞にはこの箱はありません。何も持たないか，手提げ袋1つです。変な

たとえですが，他動詞は商人で，他の商人と直接取引し顧客を増やします。自動詞はお城の中に住む侍です。接触できるのは出入りを許された商人だけです。名詞とつながるには go to school の to のように前置詞の仲介が必要です。この school は目的地ですが目的語ではありません。

　侍と商人のたとえは商行為を比べただけで，動詞の自と他は身分のように固定したものではありません。日本語でもそうですが，両方に使える動詞がたくさんあります。重要なのは今どちらの働きをしているかを，はっきり意識することです。ついでですが，いつも他動詞の sell や read が，This cake sells well.（このケーキはよく売れる），This letter reads …（この手紙は…といっている）のように自動詞になることがあります。

　ここで日本語の自他の乱脈ぶりに目を向けましょう。新聞，ラジオ，テレビにちょっと注意すると，自動詞・他動詞逆転の誤りが多いのに気がつくでしょう。しかもそれが有識者とみられている人たちの言葉なのです。

a)　他動詞を自動詞のように

　よってこの法案は可決しました――「されました」とする。
　台風で道路が破壊した――同上。「決壊」ならいいが。
　混乱状態が惹起しました――「が」を「を」にかえる。
　安定が失ったため――同上
　遺跡が発掘した現場で――「された」とする。
　北朝鮮の潜水艇を撃沈させた――「した」でよい。使役の「させ」
　　を付けると他者にやらせることになるが，撃ったのは当の韓国
　　警備艇だった。

b)　自動詞を他動詞のように

4 自動詞と他動詞——その身分と職責

チームを存続したいという要望——「させたい」とする。

容疑者を現場に同行して——「同行させ」とする。または「容疑者と」とする。

暫定政府を5月に発足して——「させて」とする。

火事の原因は判明されなかった——「しなかった」とする。

2つの意見を両立したいと思います——「させたい」とする。

ざっとこんな調子です。この人たちの頭には自動詞、他動詞などという言葉はまるで存在しないのでしょう。

次は複合動詞です。英文法にはこんな言葉はありません。国文法にあるかどうか知りませんが、2つの動詞がじかに結合して1つの単語になったものをいいます。これは原則として自動詞と自動詞、他動詞と他動詞の組み合わせだと思うのですが、ときどきおかしなのが現れます。コンピュータ用語として生まれた「立ち上げる」はその代表格です。「立つ」は自動詞、「上げる」は他動詞。どうにも落ち着きが悪いのですが、今やこれが完全に公認されてしまいました。委員会を設置する、NPOを設立する、組合を組織する、などのすべてが「立ち上げる」のひと言で片づけられています。いつかニュースで「雨で火薬が湿ったため、花火がうまく打ち上がりません」というのを聞きました。他動詞＋自動詞で、これもいただけません。「立ち上がる」「打ち上げる」の自然な語感と比べてみてください。日本語にはたくさんの複合動詞があり、自分で作ることもできて、表現を豊かにしてくれますが、それらは「折れ曲がる」（自・自）、「折り曲げる」（他・他）のように同類結合が原則です。では「突き当たる」はどうだ、と言われるかもしれませんが、あれは「着き当たる」が本当で、「突く」は他動詞、「着く」は自動詞です。「立ち上げる」は明らかに原則違反ですが、違和感を覚えることもなく、その大流行を許したのは、日本人

の自動詞・他動詞への無関心ぶりを証明しています。

　ニュース用語の「可決成立」は四字熟語として定着していますが, 問題はないでしょうか。可決されたのは法案で, 成立したのは法律です。自他混合の上, 主語まで違うのに, 誰も文句を言いません。以上は, 日常生活では便利でこそあれ, 害はありません。日本文化の特質である「おおらかさ」として受け入れればいいのでしょうが, 学問, ことに社会科学の世界では, これでは困ります。先年ユネスコの学術調査団が来日して, 日本は自然科学に強く社会科学に弱い, と評価しましたが, 日本語の論理性について考えさせられます。

　英語では動詞が2つつながることはないと言いましたが, まれに例外があります。アメリカ式会話講座で, Go get comfortable. というのを見ました。外出から帰った妻に夫が, 着替えでもしてくつろぎなさい, という場面でした。前に挙げた Go get changed. も同型。これはくだけた言い方で, go to でも go and でもいいわけで, 複合動詞とはいえません。

5　食うか食われるか

　英語のレッスンのとき, 受動と能動の把握があまりにあいまいなので, 殴ったのか殴られたのか, どっちなんだ, と言いたくなることがあります。また英作文で, 受動態のミスも珍しくありません。これも日本語の習慣と無縁ではなさそうです。

　動詞を受け身にするのは助動詞「れる, られる」の働きです。困ったことに, この同じ助動詞は尊敬と可能にも使われます。

　「赤ずきんちゃんは狼に食べられてしまいました。」

「朝食は何時に食べられましたか。」

「固くてとても食べられません。」

これらの違いは文意から自然に汲み取られるだけで，文法上の規則はありません。いや，受け身の「られる」は他動詞に限る，という法則はある，と言いたくなりますが，日本語ではここにも例外があるのです。

「ハイキングで雨に降られた。」

「幼いころ親に死なれた。」

「降る」も「死ぬ」もれっきとした自動詞です。そしてこの「られる」が尊敬でも可能でもないことは明らかです。では何でしょうか。嫌なこと，迷惑なことを表す，と意味の上から説明されるだけです。擬似受動態とでも名づけましょうか。ある国語辞典の巻頭の解説ではこのような例を挙げて，だから日本語では，自動詞，他動詞の区別は

「離されてください」

ただでさえ複雑な「れる，られる」に使役の「せる，させる」が加わると，いっそうややこしくなります。眼科医院で，検査器具に顎を載せ額をつけての診察が終わったとき，「お顔を離されてください」と言われました。この先生はいつもこの言い方です。この「され」はいったい何のつもりでしょうか。文化講演と銘打った話の中で，「ではその一節を読まさせていただきます」というのを聞きました。この形はよくあります。そうかと思うと，「ご近所の方に編み物を教えられていらっしゃいます」と無駄な二重敬語で，教えているのか習っているのかわからなくなった例もあります。

英語の世界でも，I did not say nothing. のような滑稽な二重否定や I have saw などのまちがいが映画や小説に出てきますが，これらは教育レベルの低い人に限ります。上の日本の場合は教育も教養もあるはずの人たちですから，困ったものです。

あまり意味がないと言い切っています。実用上はそれでいいのかもしれませんが，英語の回路はこれでは通れません。

英語の受け身はおなじみの be＋過去分詞ですが，念を入れれば，他動詞の過去分詞。他動詞であれば，能動態のときは必ず目的語があり，受け身で主客が逆転しても，両者の関係は維持されているはずです。それをたどることで複雑な構文を解く鍵が見つかることがよくあります。英語の受動態は明快に割り切れて，少しも難しい点はないのに，つまずく人が少なくないのはなぜでしょうか。

ここでちょっと「ラ抜き言葉」に触れておきましょう。「見れる」「食べれる」は大変な勢いで可能の「られる」を侵蝕しつつあります。賛否両論があり，弁護人は，受け身や尊敬との混同が避けられるという利点を説きますが，これだけで公認というわけにはいきません。英語では可能，受け身はもともと別物ですから，このような現象は起こ

「行く」と come

電車内の女子高生の会話。「ねえ，ねえ，これ変じゃない？ I will come to your house at two tomorrow. 行くのに come だなんて」「ほんと。あなたの家へだから go でなくちゃね」。いくよさん，くるよさんという漫才コンビがあります。日本語では「行く」と「来る」とは，自分を基準とする反対概念ですが，英語では必ずしもそうではありません。この場合の come は，移動することよりも，相手の家に着いてそこにいることに重点があるわけです。go でもわかってもらえるでしょうが，日本式英語になります。

訪問先で時計を見て，「もう帰らなくては」というときは，反対に come ではなく，Now I must go. です。関心の重点は，自宅ではなく相手の家庭にあるのですから。「ご飯ですよ」と呼ばれて，「今行きます」はどっちでしょうか。同じ原則で I'm coming. となります。こんな簡単な単語でも，安易な直結は危険です。

りえないでしょう。

　日本語では自動詞の喜ぶ，驚く，落胆する，興奮する，満足する，などに相当する英語の自動詞がなく，please, surprise, disappoint, excite, satisfy はすべて受動態になることは，ここにもちだすまでもないでしょう。この種の単語で面白いのは「結婚」です。「彼女と結婚する」は marry her. 独身かどうかを尋ねるのは Are you married?「彼はイタリア人と結婚している」は He is married to an Italian. まさに文化の違い！

6　動詞は文の要(かなめ)

　英語の動詞と日本語の動詞の違いはまだまだあります。その1つは文中の位置です。1つの文の中に動詞は修飾句や修飾節に含まれて何度も出てくることがありますが，この項で取り上げるのは，主節の動詞です。日本文では動詞はゴール近くに置かれます。ですから，まずしゃべりだし，言いたいことの材料をすべて並べた上で，最後に動詞で締めくくることになります。何がどうなったのか最後までわからないこともあり，どたん場で肯定を否定にひっくりかえすことも可能というわけです。英文ではスタート直後つまり主語のすぐあとですから，動詞はそれ以後に並ぶ言葉を支配する力を持つことになります。言い換えると，動詞は口から出る段階で，言うべきことが明確になっていなければならないわけです。

　次は動詞の分類です。英語には例の自動詞・他動詞という重要な類型がありますが，日本語で動詞の種類といえば，活用型しかありません。五段，上一段，下一段，カ変サ変というあれです。苦労して覚え

ても，この法則によって誤りを見つけたり，難しい構文が解けたりするような御利益はありません。どのみち文の終わりに出てきたのでは，構文を支配することなどできない相談です。私たちは，しかし，文法として習えば手に負えないあの活用を，日常なんの苦もなくこなしています。母語だからそれで済むのですが，別の回路を作るとなると，文法にたよらざるをえません。

英語の動詞は役割によって1種から5種までの5種類に分類できます。と言ってもこれは固定したものではなく，同じ俳優が社長にも刑事にもなるように，同じ単語が別の役を演じることもあります。

1種と2種は自動詞です。1種動詞は主語に付けるだけで意味のあるメッセージとなる完全自動詞（go, sleep, die, laugh, …）。

2種動詞は補語を必要とする不完全自動詞で，1類と2類に分かれます。2-1類は be 動詞で，補語には名詞も形容詞も OK（That lady is a professor. She is beautiful.）。2-2類は be 以外の自動詞。補語は形容詞のみ（get wet, feel sick）。

3種，4種，5種は他動詞。3種動詞はただ1つの目的語で満足する完全他動詞で，この役はどの他動詞でも大丈夫です。

4種動詞では，働きかける対象を示す目的語のほかに，それを与える相手（間接目的語）を必要とします。I gave the beggar some money. の形です。「与える」「してあげる」という状況をいつも頭に置かないと，とんでもない誤訳におちいることになります。He will make her a good husband.（良い夫になる）は彼女を夫にするわけではなく，She cut her baby a slice of cheese.（チーズを切ってやる），I bought the girl some flowers.（花を買ってあげる）は，cut her baby だからといって幼児虐待ではなく，bought the girl だからといって人身売買ではありません。この役はどの他動詞でもという

わけにはいかないので要注意。make, get, buy, ask, teach などがよく使われます。

　5種動詞は，目的語だけでは意味のあるメッセージにならず，補語を求めます。この役をやれる他動詞は4種の場合よりはるかに狭く限られています。

　　They made their daughter an actress.
　　The boy had his hair cut by his mother.
　　The policeman saw a robber come out through the window.
このほか，hear, want, get, tell, let などもこの仲間です。

　以上5種類の説明を見て，なーんだ5文型じゃないか。それならとっくに知っている，と言われるでしょう。確かにその通りです。

　　S＋1種V　　　　　　Ⅰ文型
　　S＋2種V＋C　　　　Ⅱ文型
　　S＋3種V＋O　　　　Ⅲ文型
　　S＋4種V＋O＋O　　Ⅳ文型
　　S＋5種V＋O＋C　　Ⅴ文型

　こうして古物の仕立て直しのようなことをするのには，もちろん理由があります。これは新しい価値を生むリサイクルを目指しているのです。ラインやドナウのように悠々と流れる大河でも，川くだりと川のぼりでは，速さも労力も，船賃もそして景色の味わいも違います。

　基本文型として SVOC の型を暗記しても，短文の文型を指摘させる練習問題に答えられるだけで，そこで終わりです。これを読んだり書いたりのマニュアルとして活用しようとする姿勢は弱いようです。二刀流では，上の図式の右側から文型として静態的にではなく，左か

ら動詞の種類として動態的に具体的に考えるのです。

英文を読むときの定石どおり、まず主文の主語と動詞をとらえます。動詞が見つかったら、前置詞なしで直結する名詞の有無によって、1，2種か3種以下かを判別し、さらに後続の名詞や形容詞を見渡して、うまく合いそうな単語を探します。こうしてSVOCを拾い上げれば、それを5つの型に入れて解釈するのは簡単です。複雑な構文もすっきりして、誤りなく読み取ることができようというものです。言葉で説明すると面倒そうにみえるでしょうが、練習を積めば、簡単なことです。

自分で英文を書くときは、頭に浮かんだ日本語の中から、英語の語順で最初にくるべき単語を選び出す。これも定石ですが、ここでちょっと頭を切り替えます。主語に合う動詞を選ぶとき、単語ではなく動詞の種類を選ぶことです。簡単でやさしいのは1種と3種。慣れないと使いにくいけれど英語らしい表現ができるのが、補語を伴う2種と5種です。さてどれを使おうかと考えてみる。動詞を先に思いついたときは、それが何種に使えるかをまず考えることです。

これまでの小うるさいお説教は、その通りの実行を求めるものではありません。言いたいのは、もっと動詞の種類に注意を払おうということです。動詞はその名の通り動きが生命です。知識や資格があっても人間関係がうまくいかないと仕事ができないように、その意味だけでなく、他の単語との関係をしっかり呑み込んでおかないと、回路の中で活躍させることはできません。

この機会に、5文型が一向役に立っていない理由を考えておきましょう。語順に寛容な日本語の習慣も一因と思われますが、学習方法にも問題がありそうです。テキストの例文ではSVOCは裸の単語が並んでいるだけですが、実際の文章では、衣装をつけ帽子をかぶり、か

ばんを持つなどして出てきます。枝葉が茂っているため,幹は見えず,利用はあきらめるしかないのです。対策として薦めたいのは,単純な例文を自分で飾り立てる練習をすることです。形容詞や副詞から始めて,関係代名詞や分詞構文などを挿入するなど。こうして自分で作った文なら,SVOC の所在は明白です。この練習を繰り返せば,複雑な文章の飾りの部分をカッコに入れて骨組みを読み取るコツを会得できるにちがいありません。

7 主語とのパートナーシップ「3単現のs」

　動詞は主語とパートナーの関係にあります。兄弟で経営する事業で兄が社長,弟が専務と役割分担はあっても身分は対等といったところです。2人の息が合わなければならないのは当然ですが,日本語の主語と動詞は遠く離れていることが多いので,このことはあまり気にならず,また以心伝心で自然にうまくいきます。英語では事情が違い,2人はいつも一緒にいます。主節が長く伸びても,動詞はすぐその後です。兄弟でも母娘でも四六時中顔を付き合わせていると,いさかいが起こりがちなものです。そのためではないでしょうが,理屈好きのヨーロッパ人の言葉では,主語と動詞の間に主従の礼儀作法のような規則が設けられています。その一例としてスペイン語の be 動詞に当たる ser の変化をお目にかけましょう。(スペイン語には「疲れています」など一時的なことをいうもう 1 つの be 動詞 estar があります)。

	単数	複数
1人称	soy	somos

2人称	eres	sois
3人称	es	son

　英語にも昔はこのような形があったのが，Old English（古代英語），Middle English（中世英語）と次第に変化して現在の am, are, is と複数の are，および3人称単数現在の -s だけに納まったということです。be 動詞の方は簡単ですから回路の小部品として定着しているでしょうが，s には脱落の危険がつきまとっています。こんな形の付着物は日本語にはありませんし，それがなくても大勢に影響なさそうなので，つい軽くみてしまうのでしょうか。

　会話ではもちろん，リーダーを音読するときにも，この s はよく落とされます。些細なことのようですが，これを放っておけば，回路の質の向上は望めません。ネイティヴの人は，聞き取れないほど軽く発音することがありますが，私たちは，He と言ったら反射的に goes と出るようになるまで，[s] [z] [iz] を遠慮なくはっきり発音することにしましょう。

8　完了形のない日本語

　「できちゃった婚」が流行しています。眉をひそめる人もいますが，明治以前の農村や源氏物語など儒教道徳が浸透していない世界への逆戻りなのでしょうか。それはどうでもいいことですが，「猫踏んじゃった」「ミルクをこぼしちゃった」「小鳥が逃げちゃった」「仮病で休んじゃった」などは，ただの過去ではなく，完了を表します。ただしこれは動詞の変化ではなく，例の複合動詞です。英語なら，「踏む」

「こぼす」「逃げる」「休む」という動詞の過去分詞と have/had との組み合わせで，ほぼ同じ意味になります。日本語では「してしまった」という補助的な動詞を付けることになります。ところが，こうして複合動詞にすると，好ましくない，残念な，遺憾ななどの感じを伴います。

英語の完了形には継続と経験がありますが，It has snowed. には「雪が降り続いています」あるいは「まだ降っています」など補助動詞か副詞を入れないと，継続にはなりません。経験の Have you been to Madrid? には「行ったことがありますか」とやはり補充が必要です。The train had left the station, when we arrived there. では，already がなくても「すでに発車していた」としないとはっきりしません。We had prepared breakfast, but you left without eating anything. では「用意した」ではなく「用意しておいた」としないと，気持が表せません。

このようにややこしくなるのは，日本語に完了形という便利な道具がないからです。

「編んでいます」

人前で口にするのがはばかられることを婉曲に表現するのは sophisticate された社会に共通の慣習です（でした？）。便所の間接表現（日英とも）が多いのはその典型ですが，これは動詞にもあります。I am expecting. の目的語は赤ちゃん。I am knitting. で編んでいるのは赤ちゃんに着せるもの。いずれも「私は妊娠中（pregnant）」を意味します。ところが先年，イスラエル滞在中のダンス・パーティーで「踊っていただけますか」と声をかけたら，いとも簡単に，I am pregnant. と断られました。時代が変わったのでしょう。

実は国文法にも完了の助動詞というのがあります。しかしそれは「たった今帰ってきたところです」「今食べたところだ」の「た」だけです。これではとても完了の法則にはなりません。

ここで念のため、英語の完了形を再確認しておきましょう。have＋過去分詞は「現在までの」、had＋過去分詞は「過去のある時点までの」完了、継続、経験を表す、と型どおりに覚えているだけでも一応なんとかなりますが、別の説明もあります。現在までの、いつとは決められないときに起こったことは現在完了、過去の特定のときに起こったことは過去形というわけです。ですから、決まった時点を示す副詞があるときは、five minutes ago（5分前）でも just now（ついさっき）でも現在完了は使えません（just だけなら時ではないので OK）。before, after, since は時間の幅があって、特定の時ではないので、もちろん大丈夫です。

英語の完了形は単なる「時制」ではなく、微妙な情勢や感情さえも伝えるものです。日本語にするには、上に述べたようにそこに使われていない言葉を補充せざるをえないわけです。

東京在住のイギリス人を訪ねたとき、「今日は電車か車か」と聞かれて、さて、と迷いました。「車で来た」というのは、I came か I've come かと。語学の専門家ではありませんが、大学の先生である彼の答えはこうでした。単に交通手段を言うのなら過去形。そのため渋滞で来るのが遅くなったなど、結果に重点を置けば現在完了。でも、後で付け加えました。聞かれたから考えてみたが、会話ではわれわれはテンスなんかあまり気にしない、と。建設途上の英語回路の中では、もちろんこれは許されません。

第4章

名詞の働きとアクセサリーS

1 二刀流「名詞の分類」

　言葉は文化です。芸術，宗教，学問，政治，経済，すべての担い手であると同時に，文化の重要な一領域でもあります。名詞は自然と社会を構成する個々の事物の名前ですから，それらが所属する文化の特質を反映しています。そのため前にあげた dog と犬の例のように，単語の置き換えでは済まないことがいろいろ出てきます。英語と日本語と2つの回路の安全な乗り換えには，名詞の語意語感の微妙なズレに敏感になり，その処理法を心得ておくのがいいと思います。そのため，この視点から名詞の分類を試みました。

a）文化の違いに影響されない言葉

　上下，左右，前後，大小，長短，軽重，冷熱，遅速，正誤，真偽，など，存在状態，感覚，思考の基本に関するもの。

b）影響がきわめて少ない言葉

　山，川，海，雨，風，昼夜，など自然および自然現象。ただし，イギリスで，「今朝は fog がひどい」と言ったら，「こんなのは mist にすぎない」と言われたことがあり，また私たちの mountain が向こうでは hill だったりすることもあります。

c）物自体が一方にしかない場合

　餅，豆腐，海苔，海胆などの食品。襖，欄間，床の間，ちゃぶ台，炬燵などの住居生活様式。海苔を sea weed，襖を paper door と言っても意味をなしません。日本酒の説明で， alcoholic drink fermented from rice, served warm. というのを見たことがあります。お燗のことまで触れた見事な説明です。

　アチラの食材はかなり普及していますし，知らないものは聞けばい

いわけです。meal は朝昼晩とは限らず，軽い食べ物の付くお茶（high tea）も含まれ，下宿の広告には with four meals というのがあります。住居で気になるのは French window です。ある対訳本の訳注に「観音開きのガラス窓」とありましたが，まったく的外れ。この window は窓ではなく，テラスや庭へ出入りするところです。

　中流以上の大きな住宅には，front door, side door, back door と3つの出入り口があるのが普通です。日本でも戦前は，表玄関，内玄関，勝手口を備えた住宅がありましたが，造りも住み方も違うので訳語に使うのは危険です。葬式は funeral のほかに burial ともいいますが，bury は埋めることですから，土葬がない日本では使えません。

d）食文化の反映

　今ではたいていの民族が魚も肉も食べますが，明治になる前の日本では四つ足の肉は食べず動物性蛋白の主な供給源は魚でした。今日でも魚好きの国民です。ヨーロッパ人は肉食民族。この違いは，様々な形で言葉に反映しています。

　お寿司屋さんでは魚の名前を何十も並べた大きな湯呑みをよく見かけます。読めない漢字もありますが，半分くらいはみんなが知っている魚です。その中に和英辞書に英語の名前が出ている魚がどれだけあるでしょうか。なにしろ英語ではカレイとヒラメを一緒にして flat fish で済ませるのですから。日本には生長につれて名前が変わる出世魚というのがあります。例えば鰤は，セジロ・ツバス・ワァナ・カテイオ・イナダ・ワラサ・ブリとなります。地方によって多少違いますが。欧米の人にはとても考えられないことでしょう。

　反対に家畜の名称となると，英語の語彙は実に豊富です。horse, mare（牝馬), stallion（種馬), colt（仔馬), mustang（野生馬)。牛は，bull（去勢してない牡牛), ox（去勢した牡牛), cow（牝牛),

heifer（3歳未満で出産経験のない牝牛），calf（仔牛）。

e) 同じようで同じではない

イギリスの city, town, village は行政単位の市町村ではありません。日本の市に当たるのは，municipal borough で，県庁所在地は county borough といいます（borough はバラと発音します）。町は urban district，村は rural parish です。city には，その昔王様から市長に mayor の称号が与えられたバラ，という歴史があります。ロンドンの city が東京の兜町(かぶとちょう)のような経済中心であることは，あまりにも有名です。town はイギリス人が大好きな言葉で，市でも町でも議事堂は town hall。地方で go (up) to town と言えば，ロンドンへ行くことになります。では village はといえば，村落という生活単位で，parish と一致することもあり，しないこともあります。ドライブしていて，church と telephone booth と bus stop を見たら，village に入ったとわかります。これは少々古いようで，変わったところもあると思いますが，一応心得ておくと，映画を見るとき，英文学を読むとき役に立つでしょう。食べ物では pudding があります。Christmas pudding と Yorkshire pudding はいずれもイギリスの名物ですが，前者はフルーツケーキの一種，後者は肉料理の付け合わせで，シュークリームの皮だけみたいなもの。どちらもあのプディング（プリン）とは似ても似つかない代物です。愛と love は全人類に普遍的な心情だからズレはないと思いたいところですが，実は大ありです。子供は I love icecream. と言いますが，近頃のませた日本の子供でも，アイスクリームを愛しているとは言わないでしょう。夫婦の間の I love you. もまったく違います。キリスト教の愛と仏教の慈悲，儒教の仁はかなり近いようですが，大きな違いがあります。そもそも愛という漢字が love の意味に使われるようになったのは，

明治の翻訳文化以後ではないかと思われます。

f）門外不出

日本語になりにくい単語は，どの品詞にもいろいろありますが，その中で何でもなさそうにみえながら大変難しいのが gentleman です。この言葉は他のどんな言語にも翻訳できないのだと，イギリス人は，一種の誇りをもって語ります。一通りの説明は，well-born, well-bred, good social position, good manner, especially for ladies です。生まれと育ち，社会的地位，挙止振舞い，という条件は，女性云々を除けば，「紳士」に当てはまりそうです。ドイツ語の Herr, フランス語の monsieur, スペイン語の caballerro, イタリア語の gentiluomo も条件や要素は似たり寄ったりといえるでしょう（スペイン語は，騎士から来ています）。違いが出るのはこれから先です。

イギリスの田舎を旅行していると，人家の群から少し離れたところに，ひときわ大きな邸宅をよく見かけます。昔の荘園領主の屋敷（manor house）の名残りやそれに似た建物で，その住人を村人は gentleman と呼んで，自分たちとはっきり区別しています。これは階層です。村の人は女中，コック，庭師などに雇われ，彼らがもたらすお屋敷のニュースが話題を提供することもあります。あるとき，村はずれを散歩していて，高い煉瓦塀をめぐらした廃屋を見つけました。村の人に尋ねると，よくは知らないが，a gentleman が住んでいたのだろうよ，という答えで，gentleman には特別の思い入れが感じられました。今ではいわゆる「イギリス紳士」も外見内容とも昔日の面影はないといわれることもありますが，言葉が担う伝統も gentlemanship も，そう簡単に消え去るものではないと思います。

伝統から離れて，日常の使い方についていえば，「あいつ」that chap, that fellow,「あの人」that man に対して，「あの方」が that gentleman ということでしょうか。

　ヨークシャーのスカーバラという保養地で小さなホテルに泊ったときのこと。私の部屋へ遊びに来たオーナーの子供たちに日本からのプレゼントを与えたら，2人とも大喜びで，帰りがけに階段を降りながら，小さい弟がお姉さんに，He is a nice gentleman, isn't he? というのが聞こえました。そのときは初めての外国暮らしで，gentleman と呼ばれたのも初めてだったので，なんとなく照れくさいような思いでした。それから何年か後，今度はバーミンガムです。空港ビルを出て，電車の乗り場を探してあたりを見回すと，数人のちょっと柄の悪い少年がたむろしていました。少しからかってやろうと思い，馬鹿丁寧のつもりで，Excuse me, young gentlemen. と言ってみたところ，彼らはテレもせず笑いもせず，平然と応じてくれるのでした。gentleman の語感は，私にはどうもつかみきれていないようです。言葉って本当に面白いものですね。

　ところで，名詞の分類といえば，国文法では，普通名詞，固有名詞，

egg さんと hen さん

　コミュニティー実態調査のために滞在していたイギリス中部の小さな村には，農家が19戸ありました。乳牛と羊はどの家にも共通で，小麦，ビール麦，甜菜（サトウダイコン），その他の野菜などさまざまですが，中に2軒だけ地飼いの養鶏をやっていました。その1人は Eggleston さん，もう1人は Henstock さんです。片や egg，片や hen とは面白いと思って，何人かの村人に話したのですが，この偶然に気づいている人は1人もいませんでした。すべての漢字が意味を持っている日本では，姓名の文字をふざけて解釈したりすることがありますが，彼らにはそういう感覚はないのでしょうか。象形文字文化と音標文字文化の違いかもしれません。

数詞，代名詞，英文法では，普通，固有，集合，抽象，物質が一般的です。そこにも興味深い問題がありますが，それは以下の各節で考えることにします。

2　小さな曲者（くせもの）　複数形の s

　前に語順のことで，both hand flower を紹介しましたが，あそこでは，hand も flower も s が落ちていました。優勝した外国人選手に「おめでとう」と言う場面でも，congratulation はたいてい s なしです。アメリカ人の子供を動物園に連れて行った大学生が象の檻（おり）を指して There's elephant. と言ったら No, elephants. と訂正されたそうです。象は 3 頭いたのです。ラジオやテレビの会話講座で，生徒たちがしゃべるのを聞いていると，s の無視が目立ちます。日本語にはまったく欠けている観念ですから，無理もないことではありますが，このままでは質の良い回路は望めません。

　まず日本語には複数という観念がほとんどないことを確認しておきましょう。単一でないことがわかる表現の 1 つは，「たち，ら，ども」です。女たち，社員たち，子供ら，悪党どもなど，主に人間や身近な動物で，物に使うのは擬人的あるいは諧謔（かいぎゃく）的な場合だけです。通行人，観光客などはそのままですが，これは集合名詞とみるべきでしょう。「この事件には 3 人の少年が関係していました。少年たちは…」とここでは「たち」ですが，同じ形で「この企画には 5 つの学校が参加しています。参加した学校は…」と言うときは，学校は単数のままです。数への無関心の現われといえます。

　多数を表す日本語特有の方法に重ね言葉があります。人々，神々，

第4章　名詞の働きとアクセサリーS

山々などで，そのために「々」のような文字まで発明されています。しかしこの形が意味するところは英語の複数とは違います。木々の緑が，美しい花々の，山々の頂には……などは目に映る情景の広がりの描写。家々の軒先に，日々の糧，津々浦々……などは，状況に応じてall, every, each のいずれかの意味になるもので，複数ではありません。その上，重ね言葉は使える範囲が極めて狭く限られています。山々はあって川々はなく，町々，村々，国々はありますが，同じ性質の市々や県々は使えないのですから，複数形の代用にはとうていなりえません。余談ですが，聖書の中に「諸国の民々」というおかしな言葉が出てきます。peoples（諸国の民）の訳ですが，おそらく日本語の上手な外国人神父が訳したのでしょう。

重ね言葉でも，道々考えた，青々とした，個々別々の，などは形容詞の強調ですから，別問題です。日本語には2以上の数を1から区別するという形での複数の観念もその表坦方法もないことは，以上で確認できたと思います。

英語の複数形はさまざまの重要な働きをします。戦前のハリウッドにシャーリー・テンプルという可愛い名子役がいて，the little big star と呼ばれていました。複数の s も little big word といえます。うっかり軽く見過ごすとひどい目に遭います。

s 1つで意味が違う単語から始めましょう。needs, wants は s がなければ抽象名詞ですが，s によって「必要なもの」「欠けているもの，すなわち求められているもの」になります。experiences, relationships も同様。習慣的に s がつくお祝いやお悔やみの congratulations, condolences も同じ考えで説明できます。

air は物質名詞（空気）でもあり抽象名詞（気分，雰囲気）でもありますが，s がつくと気取った態度や外見などを意味します（He puts on airs of an artist. あの男は芸術家ぶっている）。物質名詞の代表みたいな water にも s が付くことがあります。河川，湖沼，一定の海域などを意味します。

野菜も複雑です。食材の一種としては vegetables。レタスやキャベツは野菜の名前としては letauces, cabages で，お皿に乗って食卓に出ると s が消えます。豆類は beans, peas などいつでも s を手放しません。

love にはまさか s は付くまいと思うとさにあらず。たまにはあります。キリスト教の神髄を説いた C. S. ルイスの本の題名は *Four Loves* です。I love ice cream. の単純な愛着，男女の愛から最高の神の愛にいたる4段階というわけですが，こんな言い方を真似するのは危険です。love は単数のままで，levels of love とでもする方が無難でしょう。

fish, sheep, deer などある種の普通名詞はなぜか複数形にしません。イギリスの家庭で幼い子供が There were five sheeps. と言うのをお兄さんお姉さんが sheeps, sheeps とからかうのを見たことがあります。幼児には難しいことなのでしょう。プロ野球チームの名前は Giants, Hawks, Lions とたいてい s が付いています。これは，そういう愛称の選手の集まりだから複数形なのですが，広島はカープスとは言いません。carp（鯉）も複数にしない単語です。なおこれらの単語も各種の魚，各種の羊をいうときは s を付けることができます。

このように厄介な複数形ですが，便利な面もあります。それは同種のもの（普通名詞）の総称です。イルカは賢い動物だ，私は花が好きだ，医者というものは，などいずれも dolphins, flowers, doctors と s 1つで，面倒な冠詞の心配もなく片づきます。総称には単数に定

冠詞 the という手もありますが、日常的には複数形の方が気楽です。

以上、複数について珍しくもないことを並べましたが、要は複数形に対応する日本語の名詞はないということです。英語を日本語にするには、意味のある複数形はその意味を伝える表現を工夫し、意味のない s はあっさり無視することです。英語を書くとき話すとき、とりわけしゃべるときに、s を忘れず落とさず、となるにはかなりの修練を要するでしょう。

ところで日本の印刷物では、特別の意味や役割を与えた言葉を目立たせるために、傍点やカタカナ書きあるいはゴシック体を使います。英語でこれに対応するのが大文字とイタリック（斜字体）です。

イタリックの方はカタカナと同じような感覚で受け取ることができますが、大文字という形はなじみがないので、せっかくの意図を見落とすことになりがちです。傍点に対応する下線はほとんど使いません。単語全体を大文字にするのは外来語などごくまれです。

リスキーな s

国際協同組合同盟という組織は、3年ごとに大会を開き、世界の各種協同組合が抱える問題についてレポートを出します。1988年のテーマは、Co-operatives and Basic Values でした。この s が大論争を引き起したのです。values は人間が自分の生き方の基本として心に抱く信念で、価値観に近いものですが、多くの学者先生たちは、s を無視して、これを協同組合の値打ちや効用のことだと曲解し、この謬説が普及してしまいました。論議の繰り返しの末、正しい解釈が定着するには数年を要しました。誤解側にはなんと、翻訳や英語の講義を経験した先生たちも含まれていました。その後もカタカナの場合 v には気をつけながら、s を落としてヴァリューという人は跡を絶ちません。

固有名詞を大文字で始めるのはわかりきったことですからいいとして，問題は普通名詞の場合です。

　まず House から。House of Commons, House of Representatives を英米とも the House と呼びます。enter the House は下院議員になること。ロンドンでは証券取引所も House で，その他国や地方によっていろいろです。大文字の Hall も県会議事堂，村の公民館や集会所などに広く使われています。貴族や金持ちの gentleman が住む邸宅には○○Hall と名づけられたものが多く，the Hall で通っています。これらは普通名詞の固有名詞化で，愛称あるいは綽名（あだな）ですから，正式名称に戻して訳すのではなく，親しみの感じが出るように工夫したいものです。たとえば，○○Hall は村人にとって「お屋敷」です。「お館（やかた）」と訳したい場面もあるでしょう。

　大きくなった子供たちが親を呼ぶ Father, Mother は実質的には固有名詞。キリスト教の神を指す言葉，God, Lord, the Son, the Father, the Holy Spirit（聖霊）から代名詞の He, Thy (your) まですべて大文字であることは，よく知られているとおりです。

　イタリックの単語を訳すには，カタカナにする，漢字に傍点をつける，「 」に入れる，あるいは著者の意図を汲んで訳語に工夫を凝らすことになるでしょう。

　英語回路に現れる大文字やイタリックのような役者は，登場する場面は少ないけれど，それが演じるのは，決してつまらない端役ではないのです。そして日本語の回路に登場するには，衣装をそっくり着替えなければなりません。

3 カタカナ英語は1/4混血児

　外来カタカナ語が巷に氾濫しています。外来語といってもドイツ語のアルバイト，エネルギー，カルテ。フランス語のグルメ，シャンソン，バレリーナ。スペイン語のパンタロン，ソンブレロ，ドンファン。イタリア語のパスタ，マドンナ，アレグロなど音楽用語。ロシア語のノルマ，トーチカ，ボルシチ。その他明治以前のオランダやポルトガルからの移入もたくさんありますが，ここで取り上げるのはもちろん英語系のカタカナ語です。

　外来語を日本語化の程度によって分類してみましょう。

a. 年輪を重ねて完全に日本語化したナイフ，ボタン，ノートなど。

b. かなり新しいものも含まれているが，広く使われているテレビ，マスコミ，コンピュータのたぐい。

c. 近年の移入でわからない人が多く，使用範囲が狭く限られているインフォームド・コンセント，クライエント，アカウンタビリティー等。これは英語の日本語読みと言った方がよさそうです。

　この a, b, c の間に無数のカタカナ語が詰まっているわけです。その中には必要なものもまったく無用のものもあるのに，世間でカタカナ語の良し悪し・好き嫌いが語られるとき，この区別はたいてい考慮の外にあるようです。カタカナ語はまた英語回路に入れるかどうかで分類することもできます。意味，発音，アクセントの点で，どうにか入れてもらえそうなものは，クッキー，スープ，バイバイ，コンディションなど数えるほどしかありません。発音，アクセント共に合格が少ないのは，第2章を見ればあきらかですが，アクセントだけ合格がたまにあります。火星探査機 Endeavor はたいていエンデバーと

発音され，デが十分に強ければ，v が b でも通用しそうです。日本人にとって少しも無理のないアクセントが英語に近いという運のいいケースなのに，アナウンサーの中にわざわざエンデバーという人がいるのは気が知れません。意味の方では，ナイター，フリーター（free arbeiter 英独合作）のような和製語はもちろん通用しませんが，たいていのカタカナ語はもとの英語と「当たらずと言えども遠からず」程度の関係を保っています。しかし中にはシャトルバスのように，まったく外れたものも少なくありません。shattle は織機の部品の「ひ」のことで，縦糸の間に横糸を通すために，同じ場所で左右に飛び交うものです。観光地や博覧会場などの循環バスに使うのはお門違い。

　カタカナ語は一見，日本語と英語の中間語のようですが，日本の文字で書き日本式に発音し日本文の中で使っているのですから，これはあくまでも日本語です。英語の血が混じっているのは確かですが，4人の祖父母の1人くらい。せいぜい1/4混血児というところでしょう。ところが，実質的にはれっきとした日本語であるのに，カタカナ語は公式には国籍を認められていないのです。辞書で日本語を引くと，国語と同じ，とあり，日本人が祖先から使い現在も使っている言語と

カタカナ学術語

　大学の先生たちは専門用語によく英語（独仏も）を使います。そのかなりの部分は日本式発音で，つまりカタカナ英語です。友人のA教授が初めて国際セミナーに参加して帰国したとき，英語があまり得手でない彼は，「なあに専門用語はみんな英語だから，なんとか話はできたよ」と言っていました。彼が向こうで会ったイギリス人がその後日本へ来て私に言いました。「A さんはいろいろと話しかけてくれたが，彼の言うことはさっぱりわからなかった」と。講義の中に出てくる英語は，高級カタカナ語だったようです。

説明されています。途中からの外来語はままっ子扱いです。また学校では英語科からも国語科からも見放されています。文部科学省あたりが時折何か言いますが、総合的な対応は皆無で、カタカナ語は野放し状態です。年寄りに必要な介護保険用語や官庁用語に難解なカタカナ言葉が多いという苦情をはじめ、問題が続出しているのに、その数は年々増え続けています。しかし適所に適切に使えば得がたい効果を発揮することも少なくないのですから、現状を放置することは許されません。

　漢字漢語を輸入して豊かな日本語を作り上げた歴史を思い、まずはカタカナ語に市民権を与えて、取捨選択、整理、調整に乗り出すべきではないでしょうか。

　学校では、国語の授業で使い方を指導し、良い日本語がある場合の無駄づかいを戒め、無理のない範囲で英語の発音やアクセントに親しませる。英語の時間には、元の単語を調べ、本来の意味、発音、アクセントとの対比に興味を持たせる。こうして双方から少しずつ手をのばすことは、両方の学習効果にもプラスになるにちがいありません。二刀流にとっては見逃せない領域です。

第5章

名詞がまとう衣装「形容詞」

1 構文を複雑にする形容語

モンブラン（Mont Blanc）はフランス語で白い山，カサブランカ（casa blanca）はスペイン語で白い家で，いずれも形容詞は名詞の後。英語では white が前に来て，この場合は日本語と同じ語順です。けれどもそれはこの場合のことで，英語の形容詞はいつも前とは限りません（形容詞というと単語を意味しますが，形容句，形容節を合わせて扱うことが多いので，3者をひっくるめて「形容語」と呼ぶことにします）。

日本語では，形容語はどんなに長くても必ず名詞の前に置かれます。「13日夜塾から帰宅途中の少女を無理やり車に乗せて連れまわした容疑で取調べ中の元警官が勤務していた警察署の署長は…」では，話題の土である署長にたどり着くまで，迷路の中を手を引かれて案内されているような思いをします。

英語ではこんなことは絶対にありません。また日本語では語順が自由で，変なところに「私は」とか「断固として」などが飛び込んでくることがあります。それでもそこは母語，なんとか話の筋をつかむことができますが，英語となるとそうはいきません。日本語回路で働くカンは役に立たないからです。その代わり英語には SVOC の法則があるのだから，論理の流れ，話の筋ははっきりしているはずだ，と言ってもこれがまた簡単ではありません。前にも言ったように，文の根幹はこんもりと繁った枝や葉に覆い隠されているからです。その枝や葉の主要な部分は形容語です。

A long haired girl with a bland-new white leather bellet in fastion bought in Paris just a week ago, went into a well-known boutique full of luxurious goods.

　しゃべれるようになりたいけれど，回路づくりなんて面倒くさい，というタイプの人にこの文を見せて大意を言わせると，いろいろ面白い反応が得られます。「髪の長い少女が1週間前にパリへ行って，よいブティックでブランド品の白いベレー帽を買った」という調子です。こんなことになるのは，知っている単語をバラバラに拾い集め，それを日本語の回路にぶち込んで，なんとか意味が通るように並べようとした結果なのでしょう。long haired, brand-new white leather, well-known, luxurious はすべて名詞の前に付く形容語，bought in Paris, full of luxurious goods, in fashion は名詞の後に置かれる形容語という英語の形容語の法則が身についていれば，これらをカッコに入れて棚上げすることによって，文の骨組みはいとも単純で，A girl went into a boutique. にすぎないことを，何の苦労もなく見つけることができるでしょう。それが案外難しいのは，日本語にはない「後つき形容語」に慣れていないことが最大の原因と思われます。そこでこの章では，英語の形容語の特質に慣れることに重点を置くことにします。

　英文法の adjective と国文法の形容詞との違いは前にも取り上げましたが，それにまさる大きな違いが，位置の問題です。

　　日本語の形容語はどんなに長くても名詞（被修飾語）の前
　　英語の形容語には「前付き」と「後付き」とがあり，簡単な法則によって区別される

これが形容語に関する二刀流の基本原則です。

第5章　名詞がまとう衣装「形容詞」

2　前付き・後付きの見本市

　理屈は後回しにして，どんなものがあるか見本を展示しておきます。区別の規準はなんだろうか，また日本語に訳したら語順はどうなるか，そんなことを考えながら，ざっと目を通してください。

a）前付き形容語
　a.　beautiful lady, atomic bomb
　b.　key word, wedding march
　c.　forty storied building, long haired girl
　d.　flying saucer, dining table
　e.　hunted animal, broken heart

b）後付き形容語
　a.　a tiger in the cage, Queen of Denmark
　b.　a letter to post
　c.　the policeman running after the thief
　d.　cloth imported from France
　e.　a song that the singer composed
　f.　the island where we spent our honeymoon

3　前付き形容語の活用法

　単一の言葉から成る形容語は文句なしに前付きです。(a, b, c は上掲の例の符号と一致させてあります)

88　3　前付き形容語の活用法

a）本来の形容詞

much more beautiful, very expensive のように副詞が付いても，これらは形容詞の付属物ですから，単一の言葉です。条件から外れるものではありません。以下のどの項でも，主たる単語にいろいろの修飾語を付けることができます。このあたりは日本語の形容詞と同じ感覚で使えます。

b）名詞が名詞を形容する（名詞の形容詞的用法）

wedding march はそのまま結婚行進曲となります。entrance examination, book shelf, river bank も同様，日本語でも名詞の形容詞的用法で片づきます。国際関係は英語では international と形容詞，反対に desk plan は日本語の方が「机上の」と形容詞ですが，自然にそうなるので，問題はありません。気をつけたいのは，形容詞の役をしている名詞は複数形にならないことです。10輪トラックは ten wheel truck，3か月コースは three month course で，s はいりません。使い慣れない s を落とさないように神経を使い過ぎて，よけいな s を付けることがあるようです。

c）名詞＋ed

「～を持った」「～が備わっている」という便利な言い方ですが，何にでも ed が付けられるわけではありません。the building which has forty stories, a girl with long hair でまにあうのですから，無理はしない方が無難ですが，40階建てという簡潔な言葉には ed 型がふさわしいでしょう。

d）動詞の現在分詞

進行形の ing ですが，意味は「しつつある」とは限りません。running machine（作動中の機械），sleeping student（居眠りしている学生），sliding door（引き戸）……これは相手の名詞の動きや

行為。

　上と似ていますが、動きではなく、機能、性質。

　coming year（新年）, dying message（末期の言葉）……近未来を表す進行形の感じ。

　dining car（食堂車）, walking shoes（散歩靴）, frying pan（フライパン）……これは相手の用途、使用目的。

e）動詞の過去分詞（受け身の場合）

　broken heart（傷つけられた心＝失恋）, lost continent（失われた大陸）……これらはいつも受け身で、完了形の過去分詞ではありません。

　前付きは1語に限るといっても、修飾語で膨らませることは可能ですし、またハイフンでつないだ言葉も1語とみなします。good-for-nothing fellow（能無し、役立たず）

〈例外〉

　　something, anything, everything, nothing

この4つの場合だけは、1語でも後付きになります。

　　something cold（何か冷たいもの）

　　anything interesting（何でもいいから面白いもの）

　　everything useful（役に立つもの何もかも）

　　There is nothing wrong.（まちがいは1つもない）

　面白いことに、すべて前つきの日本語でも「何か」だけは例外です。不思議ですね。

　この項の説明は少々うるさかったかもしれませんが、こうしてしっかり意味をつかんでおけば、何かを言いたいとき、和英辞書にばかり頼らず自分でぴったりの形容語を作ることができるかもしれません。

4 日本語にはない後付き形容語

ここでも見本市の符号 a, b, c に沿って見ていくことにしましょう。日本語との比較をいつも頭に置いてください。

a）前置詞＋名詞

　　Lady on the Lake（スコットの名作「湖上の美人」）

　　Body in the Library（クリスティーの推理小説「書斎の死体」）

こんな例を出すまでもなく，たいていの前置詞が使えます。

b）不定詞

　　letter to write（(これから) 書く手紙）

　　medicine to take（飲まなければならない薬）

これは形容語にちがいありませんが，I have a letter to write. I have some medicine to take. を日本語にすると，「手紙を書かなければならない」「薬を飲まなければならない」となって，形容語は姿を消してしまいます。訳すと品詞が変わるのはよくあることで，これはほんの一例。もちろん不定詞型形容語がいつもそうなるわけではありません。

c）現在分詞の延長型

ing 型も尾ひれがついて句になると後付きです。

　　the girl walking with her lover（恋人と歩いている女の子）

　　dogs running after the hare（野兎を追っている犬）

d）過去分詞の延長型

前項と同じで尾ひれがつけば後付き。

　　shop windows broken by hooligans（フーリガンに壊された商店の窓）

この形は which were broken の関係代名詞と be 動詞の省略とみてもいいわけですが,文法嫌いを助長しないためには,あっさり形容語で片づける方がよさそうです。ちょっと脱線しますが,この訳文を意地悪く読むと,壊されたのは店か窓だけかわかりません。そこをはっきりさせようと,商店のフーリガンに壊された窓,とすると,商店のフーリガンみたいにとることも形の上では可能です。どうしたら揚げ足を取られない文になるでしょうか。それはさておき,このあたりまでは,大して長くはならないので,訳すとき名詞の前に持ってきてもまったく問題はありません。

e）関係代名詞でつくる形容語

This is the temple which Prince Sho-toku founded.

（これは聖徳太子が建立した寺です）

この場合は,関係代名詞のなんのと言わなくても,修飾する文を英語では後に置き,日本語では前に置く,ただそれだけのことです。文法を習っていない子供でも,これでこの形が使えるようになります。また d で言ったように,founded by だけに簡略化することもできます。

Koizumi Yakumo who married a Japanese woman and lived in Matue …

Koizumi Yakumo whose wife was a Japanese woman …

目的格,主格,所有格どれでも形容語に役立ちます。といっても,主格の場合は,「日本女性と結婚して松江に住んだ小泉八雲は」と前付きになりますが,所有格のときは,「その妻が日本女性だった小泉八雲は」では良い日本語とはいえません。「日本女性を妻としていた小泉八雲は」あるいは「小泉八雲は日本女性を妻にしていたので」など,もとの構文から離れて内容を表現する工夫が必要になります。

f) 関係副詞でつくる形容節

the beach where I learned surfing（サーフィンを習った海岸）
those days when we were younger（若かりし頃）
the reason why his wife left him（彼が妻に捨てられた理由）
the way how to ride a monocycle（一輪車の乗り方）

関係副詞だからといって，副詞節ではありません。念のため。

5 「後付き」の利点・難点

I know a professor retired from Oxford University who is well known for nuclear studies, one of whose daughters is a successful pianist performing in many cities all over the world, the other is married to a French millionare living in the suburbs of Paris, where he likes to visit from time to time.

これは後付きの利点と難点を検証するために作文したテスト用センテンスです。すべての形容語を前に置く純日本式で機械的に訳すとこうなります。「私はお嬢さんの1人が世界各地で演奏している成功したピアニストで，もう1人は，彼が時々そこへ行くことを好んでいるパリの郊外に住むフランス人の富豪と結婚している原子核の研究で有名なもとオックスフォード大学教授を知っています」。これでは「私」は何をどうしたのか，最後までわかりません。話の筋が狂わないように訳すには，どこからどういう順序にすべきか，頭の痛くなる仕事です。

そもそも言葉は，書くにせよ話すにせよ，時間とともに流れるもの。

それを「…するところの」と逆流させるのは不自然この上もないことです。逆流方式で訳してやっと理解できるのでは，英語が「読める」とはいえません。時の流れにそって，左から右へ行を追って読み進むと，こうなります。

「私は1人の教授を知っている　オックスフォード大学を退職した人で　原子核の研究で知られている　彼の娘の1人はピアニストで世界各地で演奏している　もう1人はフランス人の富豪と結婚しているその人はパリの郊外に住んでいる　教授は時折喜んでそこへ出かける」。日本語らしい文章に仕上げるのは次の段階です。

こうして教授についての断片的なデータが次々と加えられて，ピリオドまでくると，全体のイメージが自然にでき上がるという寸法です。各部分を日本語に置き換えずに，英語のまま内容を汲み取り，それを重ねて全体をつかむ，これが本当の読み方で，それによっていわゆる速読も可能になります。そしてそれができるための条件の1つは，後付き形容語に慣れることです。a)からf)のさまざまな形容語が出てきたとたん反射的にそれと認知できるカンが必要です。このカンを養うために，目と耳を絶えず良い英語に触れさせることの重要性はいうまでもありませんが，二刀流の立場から薦めたいドリルがあります。1つは大文字からピリオドまでが長くて複雑そうな英文を選んで，後付き形容語を片っぱしからカッコに入れる作業。もう1つは，比較的簡単な英文を探し，あるいは自分で作り，その中のすべての名詞に，できるだけ多くの，各種の後付き形容語を付け加える練習です。

どんなやり方にせよ，後付き形容語をマスターすれば，英語力の一段アップが期待できます。

次の2つのパラグラフは，Agatha Christy の処女作「The Mysterious Affair at Styles（スタイルズ荘の怪事件）」の第1章で，

主要人物を紹介するところです。John とその妻 Mary は当主の若夫婦，Laurence は John の弟，そして Mrs. Cavendish は彼らの継母で，この殺人事件の犠牲者。上の例文は無理に作った悪文ですから，この名文で後付き形容語の妙味を味わってください。

Mrs. Cavendish, who had married John's father when he was a widower with two sons, had been a handsome woman of middle-age as I remembered her.

John had married two years ago, and he had taken his wife to live at Styles, though I entertained a shrewd suspicion that he would have preferred his mother to increase his allowance, which would have enabled him to have a home of his own.

英語の形容語に習熟することは，日本語の読者迷惑な長すぎる「前付き」を，理路整然とわかりやすく書き直す能力の向上をもたらすに違いありません。

---

rich な食べ物

友人のイギリス人牧師夫妻の家で食事を共にしていたとき，rich meal ということが話題になりました。まずここでの meal が「食事」ではなく，お皿に盛られた「食べ物」であることを確かめ，それから rich に移ります。高価な食材を使ったぜいたくな料理でないことはすぐにわかりました。脂肪や蛋白質が多いのかと聞くと No。量がたっぷりしているのかと言うと，これも No。その間にいろいろ説明してくれたのですが，彼らの rich meal の感覚はとうとうわからずじまいでした。これは言葉を超えた食文化の問題だったのかもしれません。ある種の形容詞には私たちの理解を超える微妙な感覚の違いがあるようです。

（補）

　この章では，形容詞の叙述的用法，つまりⅡ文型の動詞 be, get, feel などの後に続く形容詞にはまったく触れていません。理由は簡単です。この用法には日本語との間に英語のじゃまになるような大きなズレはないので，二刀流の対象にはならないのです。

第6章

重い脇役 副詞

1 副詞の重み

 アメリカの大学院で rhetoric（修辞学）を勉強した日本人が述懐していました。「講義の中でいつも強調されたのは adverb の重要性で，それがうるさいほど繰り返されました」と。副という漢字のためか，副詞はただの添え物のように軽く扱われがちです。同じ修飾語仲間でも形容詞の方が兄貴分みたいですが，これは偏見です。微妙な文学的表現でも厳密な理論的叙述でも，副詞は何ものにも代えがたい重要な役割を果たすことがあります。前章末尾の英文でも副詞節や副詞句が活躍していました。

2 国文法との意外な共通性

 adverb は動詞あるいは形容詞，副詞を修飾する，というところは日本語でも同じです。もちろん後で取り上げるように，重要な違いもありますが，副詞の成り立ちでは，案外似たところがみられるのです。簡単な事例で見ていきましょう。

a）「花がやっと咲いた」

 これは本来の副詞。「もう」「しばしば」「いつも」「ふたたび」…。英語では often, seldom, sometimes, …

b）「花が昨日咲いた」

 これは名詞の副詞的用法。「去年」「先週」「明春」…。英語でも yesterday, tomorrow, そして day, week, month, year や四季に next, last など時を限定する形容詞が付くと，前置詞なしでそのまま

副詞になります。

c)「花が美しく咲いた」

これは形容詞の連用形。たいていの形容詞の連用形は副詞の役をします。用言につながるのですから当然副詞ですが、国文法では形容詞の資格を失うわけではないというおかしなことになります。

d)「花が見事に咲いた」

これは国文法では形容動詞の連用形とされていますが、英語にすればただの副詞です。英語の形容詞は ly を付けるとたいてい副詞になりますが、形容詞の変形という点で連用形と似ています。なお前付き形容詞の ing 型、ed 型に ly を付けた副詞には、心理描写に役立つ重要な副詞がたくさんあります。

　　grudgingly（不満そうな調子で）
　　hesitatingly（おずおずと）
　　disappontedly（気落ちした様子で）
　　disgustedly（うんざりして、愛想をつかして）

3　副詞は形容詞の兄弟分

副詞と形容詞は相手こそ違え、ともに修飾語として形の上では似たところがあります。そこですでに日本語との違いを明らかにしてある形容詞との類似と相違を手がかりにして、副詞を見ていくことにします。なおここでは、副詞、副詞句、副詞節をひっくるめて副詞語と呼びます。不自然な名前ですが、「形容語」と合わせるためです。

副詞語で難しいのは動詞を修飾する場合で、形容詞や副詞に付くのは簡単ですから、まずこれから片づけましょう。形容詞、副詞を修飾

する副詞は単語だけで，いつも相手の前にある。ただこれだけです。

Thank you very much.

Terribly sorry. Please, speak more slowly.

ここには句や節は登場しません。日本語ではかなり長い副詞語を副詞や形容詞の前に置くことができます。「たとえようもなく美しい」「互いに助け合いながら楽しく働いた」。英語では前付きにはなりませんし，日本語でこれを後へ持ってくると強調や風変わりな表現になります。

4 動詞の修飾

動詞を修飾する副詞語ははるかに複雑です。

① 単一の副詞

単一の形容詞は前付きと決まっていましたが，副詞は動詞の後が原則です。といっても形容詞ほど厳格ではなく，日本語ほど勝手気ままではないにしても，その位置にはかなりの自由度があります。また only や even など位置によって文全体の意味が変わることもあるので，油断がなりません。もっともこれは日本語の「ただ」や「さえ」にもよくあることです。英語には私たちの論理が通用しないことが少なくありませんが，この場合は日本語の良識でたいてい処理できます。

本来の副詞には形容詞に ly の付いた形もありますが，ly で終わりながら，副詞にならない friendly（親しげな），kindly（親切そうな）のような天邪鬼もいます。forwards（前の方へ），clockwise（時計の針の方向へ）の wards や wise（ways）も副詞語尾。

形容詞の名詞的用法のように名詞がそのまま副詞になるのは，

yesterday, last year, next Sunday など特定の時を表す名詞ぐらいのものです。また現在分詞は coming, running, reading, weeping などよく使いますが，過去分詞が単独で使われることはまれです。

珍しくもない話ですが home は面白い言葉ですね。名詞，形容詞，副詞の3役をこなすので，「家へ」「故郷へ」には to も for も不要。go home, come home なら慣れていますが，sent a long letter of apology home のように動詞との間が開くと，つい to を入れたくなります。at home（くつろいで），from home では名詞にして前置詞を付けることを不審に思うのは私の日本語回路のせいでしょうか。

頻度の副詞は原則として動詞の前です。

> Always, usually, often/frequently, sometimes, seldom/rarely, never

これに対応する日本語は「必ず，つねに，いつも，普通は，たいてい，しばしば　ちょいちょい，たびたび，ときどき，時折，たまに，まれに，めったに…ない，決して…ない」となりますが，英語でも日本語でも状況によって意味が揺れ動きます。そこで日英の対応は辞書の訳語だけに頼らず，どの単語もそれぞれの系列の中で意味を汲み取り，表現を考えなければなりません。例えば事柄によって年に2回の外国旅行，毎月のような欠勤，隔週の水泳教室など，いずれも often になったり sometimes になったりするというわけです。例外のない always であることを明示したければ「必ず」が必要になります。頻度の副詞は，動詞の前に付くことを原則とする例外的な副詞であることと併せて，英訳にも和訳にも細かい注意が肝要です。

② 後付き形容詞型の副詞

後付き形容詞の a）前置詞+名詞と b）不定詞は，そっくりそのまま

副詞になります。しかもいずれも後付きです。たいていは文の内容で区別できますが, 時には判断に迷うことがあります。どっちとみても意味に大差はない場合, 少し違う場合, 大きくズレる場合がありうるのです。

　The detective examined the furniture in the study.

　これは「書斎の家具を調べた（形容詞）」でも「書斎で家具を調べた（副詞）」でも行動に変わりはありません。

　I read the book on the sofa. では, on the sofa を形容語ととれば「ソファーの上に置いてあった本」, 副詞語とみれば「ソファーにかけて」あるいは「寝ころんで読んだ」ことになります。

　The children saw a deer in the forest. の in the forest が形容語なら, 動物園の鹿ではなく森にいる野生の鹿を見たわけで, 副詞語なら, 森の中を歩いていて見たことになります。

　不定詞の副詞的用法にも同様のことが起こります。

　They built a house to sell. では「売るための」でも「売るために」でも, 家を建てたことと, その目的に変わりはありません。しかし, I need a cup to measure water to cook rice. となると, to measure 以下が形容語なら「計量カップ」, 副詞語ととれば「ティーカップ」でもいいわけです。

　このような紛らわしさは, ありがたいことに日本語には決して起こりません。言うまでもなく助詞のおかげです。「の」「な」なら形容語,「で」「に」なら副詞語と簡単明瞭です。これは論理に弱いと言われる日本語がその点で英語にまさる珍しい例と言えるかもしれません（ところが困ったことに, 近頃この助詞をまちがえる日本人が多く, せっかくの長所が台なしです）。

③ 現在分詞，過去分詞に尾ひれの付いた形

これらも形容語と同じ形が副詞語になります。

 She was astounded recognizing the tramp to be her lost son.
 (その浮浪者がいなくなった息子とわかって驚愕した)

 A lot of people lost their houses attacked by heavy cyclone.
 (ひどいサイクロンにやられて多くの人々が家を失った)

この形はまた，時，理由，条件などを表す分詞構文となり，長い但し書きや補足説明を挿入するのに便利です。この場合も原則は後付きですが，強調や気分で前に持ってくることも可能です。こんなときにも日本語では前後の移動勝手放題ですが，この自由に甘えすぎると，とんでもないことになります。その実例を豊富に提供してくれるのは国会のわけのわからない質問と答弁です。

④ 接続詞に導かれる副詞節

後付き形容語の e), f) の形は副詞語にはなれません。関係代名詞は代名詞が代表する名詞を，関係副詞は場所，時，理由などの名詞を修飾するのですから，形容語でしかありえないわけです。その代わり，というわけでもありませんが，as, since, because, until, while などの接続詞に続く長い従属節に副詞語の働きをさせることができます。英語でも主従逆転もありますが，原則はやはり主人が先。そして日本語では，どんなに長くても，副詞節は動詞の前しか居所はないのです。位置の自由がもたらす危険は日本語の宿命で，ここでも同じです。

5 比較の形態

　世の中には大小・強弱・硬軟・美醜，さまざまの差違が存在します。どれほど極端な平等主義者でも，この現実は認めざるをえないでしょう。どの言語にもこれに対応する比較表現があり，その形はそれぞれの文化を反映しています。その意味でも二刀流にとって興味深いテーマです。なおこれは形容詞，副詞の両方にかかわることなので，5 章では触れず，ここでまとめて扱うことにしました。

(1) 比較表現のシステム化

　もっとも興味を引かれるのは，er, est という語尾変化と more, most のような簡単な装置で，比較のあらゆる場面をカバーできる仕組みです。比較級，最上級といってしまえば，なんでもないようですが，このシステムの根底にあるのは，日本語とはまったく異質な発想法です。要領さえ覚えれば和訳も英訳も難しくはありませんが，この違いには重い意味があるように思われます。

　Mt. Everest is higher than Mt. Fuji.

　（エヴェレストは富士山より高い）

　和文では比較であることを表しているのは「より」だけです。そしてこれは比較の相手を示す助詞つまり than に相当するもので，er の働きはありません。これは多音節の形容詞に more を付ける場合も同じことです。

　形容詞はそのままで，「もっとも」「一番」などの副詞を自由に付けられるのと，est あるいは most で一義的に最高位を顕示させるのでは，考え方の根本的な違いが認められます。

「差違あるいは差異」を簡明直截(ちょくさい)に言い切るには，英語の方が適していると言えそうです。er—est システムのおかげです。

est を使わないトップ表現にも er が活躍します。

　　Lucy is slimmer than any other girl in the class.

　　The leopard can run faster than any other animal.

これらは日本語でも同様の言い方ができますが，

　　The actor has seen his better days.

最盛期を過ぎて今は落ち目のような表現となると，er なしでは締まりません。

　　the＋比較級，the＋比較級

の効用はいまさら言うまでもないでしょう。

(2) 日本語の強み

比較級，最上級をもたない日本語には，その代わりに，トップを意味する「高」「極」「至」「絶」などおもむき豊かな専用語彙が用意さ

「より効果的な…」

「より」は比較構文の中の than の役割でしかなかったものが，いつの間にか more の意味に使われるようになりました。「より効果的な方法」「より真剣に」などと言うと，初めのうちは変な日本語だと非難され，やがて批判はされても非難はされなくなり，いまでは市民権を得たようです。「ラ抜き言葉」もそうなるのでしょうか。動植物の突然変異のような自然現象だと言う人もいますが，言語は文化現象です。すべて流れるままでは困ります。言葉は時代とともに変わるといいます。確かにそうですが，これを「自然」とみて成り行き任せにしていいかどうか。英語にもいえることですが，対応は慎重でありたいものです。

れています。

　　最高/低，最大/小，最善/悪，最先端，最前線，最優秀選手，最恵国待遇，極致，極東，極限，極上，極楽 (happiest land ?)
　　至上，至高，至言（もっとも適切な言葉），至尊（もっとも尊ぶべき人，天皇のこと）
　　絶大，絶好，絶無，絶世（の美女）
　また比較を使ったトップ表現では，
　　無比，無上，無類，無双
　これらを縦横に使いこなせば，英語のシステムにまさるとも劣らない立派な表現が可能なはずですが，近頃は良い言葉を選んで使うよりも，意味が通じさえすればいいという風潮が広がっているようですね。

(3) 搦め手に弱い日本語

　There were three sisters, Mary, Jane, and Susan. They were all very beautiful, but, to be precise, Jane was a little less beautiful than Mary, and Susan much less.

　美人3姉妹の美しさについて，あえてそのわずかの違いを語っているわけですが，日本語にはまったくみられない言い方です。「インドは暑かったかい？」「暑いの暑くないのって」「暑いのか暑くないのか，はっきりしろ」。落語や漫才のありふれたギャグですが，much と less が連れ立って出てくると，多いのか少ないのか，とまどうことがあります。「ジェインはメアリーよりやや劣る。スーザンはもっと劣る」などと訳したのでは，スーザンがかわいそうです。

　この文の大前提は3人とも美人であることで，そのわずかの差 (difference) を示す key word が less です。英語の論理を数式で表すと次のようになります。D は difference を表します。

Mary − Jane ＝ D1

Mary − Susan ＝ D2

そして a little は D1 の，much は D2 の程度を示す副詞というわけです。つまり Jane は Mary と大差なく，Susan はちょっと見劣りするが，美人であることに変わりはない，ということになります。less は程度を下げるだけで，否定の意味を含むわけではありません。

比較とは関係ありませんが，

I have no money. (文なしだ)

Nobody was to be seen. (人っ子 1 人いなかった)

このように，否定語が主役を演じる形に，私たち日本人は慣れていません。less は否定ではありませんが，搦め手戦法として似たところがあると言えるでしょうか。どうも日本語回路にはなじみにくいようです。

(4) ちょっとうるさい比較構文

比較にはいろいろの方法があり，また等しいことを述べるのも一種の比較です。

a. Soccer is as popular as baseball.

b. Dogs can not run so fast as wolves.

これらはよく見る形で，理解も訳も簡単ですが，一見これと似ているような次の形は少々面倒です。

c. Professor A is not so much a scholar as a journalist.

これはどんな意味になるでしょうか。

d. Professor A is not so much learned as Professor B.

d の文は a，b と同じで簡単ですが，c は似て非なるもの。c と d には 2 つの大きな違いがあります。第 1 に，d では 2 人の教授の学識

を比較していますが、cで比較しているのは、A教授の資格あるいは資質である scholar より journalist なのです。第2の違いは、so much の相手が、d は learned という形容詞であるのに対して、c では scholar という名詞だという点です。そこで c の内容はこういうことになります。「A 先生はよく書いたりしゃべったりしていて、ジャーナリストなら一人前だが、学者としてはそこまで (so much) の値うちはない」、つまり「A 教授は学者というより、むしろジャーナリストだよ」ということです。

　語学の習得には理屈より練習、というのも一面の真理ですが、この文のような場合、訳を教わって暗記しても、応用は効きません。2つの回路の間に確かな橋をかけるには、時にこんな分析も悪くないでしょう。ついでですが、マスコミに人気のある大学教授には、このタイプが少なくないようですね。

第7章

文をととのえる大道具, 小道具

1 気になるかぶり物「冠詞」

(1) 異文化の小さな代表選手

　英文法では冠詞は形容詞の一部ですが, 他の形容詞とは使い方がまるで違うので, 別扱いとします。article にはそんな意味はないのに冠詞とはうまく訳したものです。名詞の頭に載せる冠あるいは帽子という比喩は冠詞の働きによく合います。もっともたまには名詞のないところで活躍することもありますが (the＋比較級, the＋比較級など)。

　明治以前の日本人は男女とも髪を結っていましたから, 礼装 (烏帽子) と武装 (兜) 以外では帽子の類とは縁がなく, 文明開化の流れに乗って洋服が入ってくると, 紳士淑女は帽子をかぶるようになります。戦後はまた一転して無帽全盛となりました。ヨーロッパには帽子文化の長い伝統があり, 変化しながらも今日まで続いています。この違いは, ヨーロッパ語に冠詞があって日本語にないのと符合します。もちろん因果関係があるわけではありませんが。それはともかく, 冠詞は日本語の中に対応する要素のない, まったく異質な存在です。私たちの感覚ではアクセサリーのようにしか見えないのに, 重要単語の役をしていることがあるのですから油断ができません。

　自分で書いた英文を声を出して読んでみると, 何か引っかかるようで調子が悪い。ネイティブの先生に校閲をお願いしたら, a と the の追加や削除がいくつもあって, 中には先生にも理由を説明できないものもありました。直された通りに音読すると今度はスムーズに流れるのです。これは不思議なことです。冠詞というものは, 英語の回路の中では, 自然に調和をかもしだす存在なのです。

1 気になるかぶり物「冠詞」

フランス語，スペイン語，イタリア語では定冠詞も不定冠詞も男性型と女性型に分かれ，ドイツ語ではさらに中性型が加わって，私たちにはややこしいのですが，彼らにとっては，やはり空気のようなものなのでしょう。使い方の法則を覚えるのも大切ですが，それだけでは完璧を期しえず，難いのが冠詞だということになりそうです。

ついでに冠詞の名前ですが，a は「ア」ではなくアルファベットの「エイ」，the は「ザ」ではなくて母音の前にあるときの発音「ズィ」で呼びます。

(2) the がない日本語の不便

「本日午後2時ごろ65歳の婦人がひったくりに遭ってバッグを奪われました。婦人は銀行の帰りで，その際転んで怪我をしましたが，婦人の怪我は軽いということです」。こういうニュースをよく耳にします。会社員，学生，看護士などでも同じ単語が2度3度と出てくるのです。これでも話はわかりますが，2度目から先でただ婦人とか店員とかいうと，そういう人たち一般のように感じられることがあります。英語なら言うまでもなく，はじめは a woman で2度目からは the woman または she, her で誰のことかわかるように，論理の糸でしっかり結ばれています。日本語でも，「その」「この」を入れる方がすっきりするのではないでしょうか。

この場合の the はこの帽子が初対面でないことを示しているのですから，まさしく形容詞です。けれども副詞になることもあるのです。The more, the better.（多々ますます弁ず）のような the＋比較級を重ねる形は，日本語では真似のできない便利な表現法ですが，the の次は副詞か形容詞ですから，この the は形容詞ではありえません。

また最上級には the を付けますが，最高のものは1つに決まって

いるのですから, the で限定しなくても, 最高位から転落することはありません。つまりこの the は駄目押しの飾りにすぎないといえないこともなさそうです。こんな屁理屈を並べるのは, 後に取り上げる a と併せて, 一般形容詞と異なる冠詞の特質を強く打ち出すためにほかなりません。

(3) the のいらない安心領域

日本人の英語はとかく the が多すぎる, とよく言われます。まったく the は悩みの種です。

抽象名詞や物質名詞には冠詞はいらない, と思いきや, 付ける場合も結構あるので, 「付けるべきか, 付けざるべきか」悩みはつきませ

無冠詞複数形の話

奥さんたちのグループで, 男性のこきおろしに話がはずんでいるとき, よく聞かれるのが "Men are !" です。「ほんとうに男って……ね」という調子で互いにうなずき合うわけで, たったの2語が実に意味深長です。同じ調子で男性側は "Women are !" と言います。

イギリス中部のバーミンガムからエディンバラへ行くとき電車が2時間近く遅れました。友人の家に着いてそのことを話すと, 彼の母親のネッシー(ネス湖の怪物と同じだと自己紹介しました)が, "British trains are !" と言ってみんなで笑いました。イギリスの鉄道はよく遅れることで有名なのです。ほんとうにしようがない, という感じがこの3語によく出ていました。

複数形のこの使い方は, 私たち日本人が冠詞の心配から解放される, 狭いながらも楽しい領域です。

総称には the+単数普通名詞の形もあります。The dog is more friendly than the cat. というわけですが, dogs, cats に比べて, やや硬い感じになるようです。

ん。これらの特殊な名詞が複数形になれる場合に対応するようでもありますが,必ずしもそうではなく,日本人にピンとくるような判断基準はなさそうです。

そういう中で,the の悩みから完全に開放される嬉しい領域が1つだけあります。それは普通名詞の複数形を,そのものの総称として使うときです。「犬は猫と違って…」Dogs are ...,「弁護士さんたちは…」Lawyers are ...,「机というものは」Desks must be ... 等々。英語の世界で例外なしは例外的ですが,普通名詞の複数形のこの使い方にはthe が付くことは決してありません。単数普通名詞の無帽外出禁止令(a か the が必ず必要)という規則にはたまに例外がありますが。

(4) 最小の小道具 a の活躍

不定冠詞 a の基本的な意味は, 1つであることと不確定, 未確認であることの2つですが, 辞書には驚くほど多くの使い道が載っています。Birds of a feather gather together. の feather は「羽毛」で, a は「同じの」つまり「類は友を呼ぶ」となります。ここでは,その他もろもろの中から1つだけを取り上げることにします。それは人の名前に付ける a です。This is a book. を覚えた中学1年生が I am a Yamada. とやると, 名前に a をつける奴があるか, と叱られますが, 付ける場合もありえます。

 A Mr. Brown is calling.(ブラウンさんとおっしゃる方からお電話です)

と秘書が社長に伝えます。これはブラウンさんが面識のない人物であることを示す便利な方法です。私たちが日頃付き合いのない人や会社に自分の名前を告げるとき,「〇〇と申します」というのと同じ感覚だと思います。ところが困ったことに, この「申します」を丁寧な表

現と勘ちがいして，いつも会っているのにそれを使う人がいます。それがお互いの親近感を損なうことに気づいていないのです。"A Mr. ○○"も「私は○○と申します」も，ともに相手に対する遠慮の気持ちを表す言葉のマナーですから，親しい人に「と申します」はまちがいです。

とにかく冠詞は難物です。だからこそ面白いとも言えますが。

New year と「お正月」

Merry Christmas
and
A Happy New Year

学校で教えられる紋切り型のクリスマス カードです。英語圏の国から来るカードにはこの通りのものはあまり多くはありませんが，それは「謹賀新年」という定型が嫌われるのと同じ感覚からかもしれません。それはともかく，クリスマスにはないのに新年に A がついているのはなぜかと質問されたことがあります。Christmas は固有名詞，year は古かろうが新しかろうが普通名詞だからだ，と，文法上は簡単ですが，A New Year はもう少し考える必要がありそうです。

「もういくつ寝るとお正月」これが日本の新年で，とくに三が日，七草に代表されるお祝いの期間です。a new year にはそんな意味はなく，1月1日から12月31日までの1年のことです。つまり，新しい1年が良き年でありますように，ということになります。キリスト教の暦では1年の初めはクリスマスです。

クリスマスに教会へ行くのが初詣になるわけですから，新年の意味はずっと軽くなります。といっても国により地方によって一様ではなく，たとえばイギリスの中でもスコットランドでは，正月もかなり盛大に祝うようです。

さてそれでは，「謹賀新年」はどう訳したらいいでしょうか。同じ趣旨の「頌春」や「賀春」を見れば，a happy new year が使えないことは明らかです。

118　2　代名詞の質とハタラキ

(補)

　I bought some apples. を昔の中学１年生は,「いくつかのりんご」と訳させられたものです。some はたいてい「いくつか」あるいは「いくらか」でした。特に量や数を問題にするとき以外はこれでは日本語になりません。「りんごを買った」といえば, １個だけということはまずないでしょう。だから何も付けなくても, some＋複数形と同じ意味になります。こういう場合の some はいわば不定冠詞 a の複数形とみることができます。したがって多くの a と同様, 訳す必要はないわけです。

2　代名詞の質とハタラキ

(1) 豊かな日本語の I と you

> 　わたくし　わたし　あたし　あたい　あっし　おれ　ぼく　わし
> わがはい　せっしゃ　それがし　てまえ　よ　ちん
> 　あなたさま　あなた　おまえ　おまえさま　てめえ　きでん
> きさま　そなた　そち　そもじ　うぬ　なんじ

　ちょっと考えただけでも, このくらいはすぐ頭に浮かびます。

　これに対して英語では I と you だけ。you の古語 thou でおしまいです。ドイツ語, スペイン語の you には「貴方(あなた)」と「お前」がありますが, そこどまり。

　この点をとらえて, 日本語の優秀性を誇るおかしな国家主義者にときどき出会いますが, これは的外れです。英語の回路には, 簡素な I と you を補って余りある豊かな表現法がいっぱい詰まっています。

これに類する単純な比較はたいてい意味がないようです。それに第一,私たちはあの多数のⅠやyouを日常使いこなしているわけではなく,それどころか2人称ではたいへん不便に感じていることがあるのです。適度の敬意を表すのに「課長」「社長」「先生」などはたいへん便利な呼称ですが,困るのはそれらが何もないときです。手紙でも同じで,「あなた」では軽すぎるし,「貴方様」では大げさになる。手紙なら,「貴兄」「貴君」「貴殿」が使えることもありますが,女性には使えません。こんなとき,you1つですっきり片づけられる英語がうらやましくなります。医師,弁護士から美容師,指圧師,はては芸人や演歌歌手まで,teacherでない人をやたらに「先生」と呼ぶ日本の習慣は,youの悩みに応える庶民の生活の知恵なのでしょう。

(2) Ⅰとyouは準名詞

　代名詞には人称代名詞と非人称代名詞があります。まず人間から始めましょう。そもそも代名詞(pronoun)は,名詞に対応して名詞の代わりをするもの。したがって,先に名詞が登場していないと,出る幕はないはずです。Ⅰとyouはどうでしょうか。ブラウンさんがグリーンさんと話し合っています。お互いにまだ名前は知りません。それでもⅠとyouは働けるのです。となると,その性格は代名詞よりむしろ名詞に近いと言えそうです。そしてこの点,日本語の「私・あなた」も同じで,先行詞なしでも使えます。

　この点,3人称のhe, sheは違います。名詞によって人物を登場させた後で,繰り返しを避けるために,その名詞の代わりをさせるのですから,これは押しも押されぬ立派な代名詞です。代名詞はもともと名詞の重複使用を避けるための工夫だったにちがいありません。日本語にももちろん3人称の人称代名詞としての「彼」「彼女」があり

ますが、今日では男女のカップルの一方を指す準名詞として使われています。本来の代名詞としての「彼・彼女」は英語における he, she に比べて使う頻度がはるかに少ないのです。その一因は、重複に無頓着な日本人の性向にあるのではないかと思われます。

例えば天気予報では、「朝のうちは曇りでしょう」「昼前から晴れてくるでしょう」「午後には所により雨があるでしょう」と「でしょう」が延々と続くことがあります。英語なら、It will be cloudy in the morning, getting fine about noon, occasional rain in the afternoon. といった調子で、it will be は1回だけで済みます。またニュースで間接の情報を伝えるとき、「天候の回復を待って復旧工事に取り掛かるということで、目下準備中ということです。運転再開は明日の昼過ぎになるということです」などと言います。これもかなりうるさい重複ですが、英語なら、It is said that …, and that …, and that … の形を繰り返すだけで済みます。これは代名詞とは違いますが、私たちが重複を気にしないことの一例です。

ひったくりに遭った婦人の話で、ただ婦人、婦人と繰り返すのでなく、「その」「この」を付けたいと言いましたが、あの場合、she の意味で「彼女」が使えればもっとすっきりします。しかし日本語にはこういう習慣がありません。「彼」と「彼女」は一人前の代名詞ではないのです。そこから学習上の1つの問題が生じます。

レベルの低い中学生が陥りやすい欠陥は、文の中の he, she を「彼」「彼女」に置き換えるだけで、読んで訳したと安心することです。それが誰を指しているのか考えようともしないのです。その人物をイメージしながら読むように習慣づけるためには、「その人」「この人」と訳し、つねにその、この方向へ意識を向けさせるのがいいように思います。練習のために短文を綴らせると、意味のない He や She を

主語にする文を平気で作るのも，同じ欠陥の現れでしょう。先行詞の
ない代名詞は，アンプから切り離されたマイク同様に何の意味もない
という認識が欠けているのです。

　非人称代名詞の it も同じです。主語，目的語，補語のどこに使わ
れていても，それが肩代わりしている元の名詞を探す。探さなくても
ピンとくるようになりたいものですが，そうなるまでは，丹念に行を
さかのぼって，それらしい名詞を探すことです。先行詞に無関心なの
は，「使うために学ぶ」という気持ちがない証拠で，これでは何年た
っても話せないのは当然です。

　It is fine の it や it ... that ..., It ... to ... などの it には誰もが注意を
向けますし，日本語との対応にも問題はなさそうなので，ここで取り
上げるまでもないでしょう。

主語を省略しない英語

Tom Doodle, Tom Doodle
You owe me you owe me ten shilling and six pence
I paid you, I paid you
You didn't, You didn't
You lie, you lie
You cheat !

　梟(ふくろう)の鳴き声を「ノリツケホーセー」というのに似た言葉遊びで
す。上のフレーズを尻上がりに次第に速くしゃべると，ある野鳥の
声に似ていて，この鳥は最後に一声高く「チー」と叫んで，下の草
むらに落ちるのだそうです。日本語なら返した返さないの言い合い
に，代名詞の入る余地はありませんが，英語の代名詞は少しもじゃ
まになりません。じゃまになったりならなかったりは回路に固有の
感覚の違いですが，そのあたりの難しさは，日本人よりむしろ英語
圏の人々の側にあるようです。

重複を避けるための that と one も，便利な，しかし私たちには使い慣れない言葉です。The boy had a talent in music, but that of his sister was much better. この that を妹の「それ」と訳すのはインテリ好み，一般には，「妹の才能は」と「才能」を繰り返します。お店で「もっと良いのを」と言うときの a better one, その他 this one, that one, another one なども，日本語にはない代用語です。「あれください」が Give me that と one なしでは英語らしくなりません。

こう見てくると，どうも I, you 以外の純正代名詞は日本語回路にはなじみにくいようです。

3 アシスタントを超える助動詞の役割

(1) 国文法の見直しから

国文法にも助動詞という品詞があり，私たちは日常自由自在に使いこなしています。英語の方も一応使えるでしょうが，両者の間にはかなり大きな違いがあって，それがときどきトラブルを起こします。

まず，無意識で使っている日本語の助動詞が，国文法ではどうなっているか見直しておきましょう。

「助動詞は用言や体言などについて，いろいろな意味を添える」これが日本語の助動詞です。「動詞を助ける」だけでなく，名詞などにも付くという点で，英語の場合とまったく違います。その使い方を使途別に見ると次のようになります。

　　使役：せる，させる　「彼を行かせる」　Let him go.
　　受け身：れる，られる　「風に飛ばされる」　be brown by wind

第7章　文をととのえる大道具, 小道具　123

可能：れる，られる　「この茸は食べられる」　This mushroom is edible.
打ち消し：ない　「私は本を読まない」　I don't read books.
願望：たい　「彼女に会いたい」　I want to see her.
推定：ようだ　「雨が降るようだ」　It is likely to rain.
伝聞：そうだ　「それは本当だそうだ」　It is said to be true.
たとえ：ような　「ボールのような月」　the moon like a ball
断定：だ　「今は春だ」　It is spring now.
過去：た　「私たちは家を買った」　We bought a house.
完了：た　「妻は今帰った」　My wife has just come home.
推量：う　「10キロはあろう」　It may weigh 10kg.
意志：よう　「私が見よう」　I will see to it.
否定の意志：まい　「私は行くまい」　I won't go.
否定の推量：まい　「そんなことは本当ではあるまい」　It can't be true.

一目でわかるとおり，英語にしたとき助動詞を使うものは，ほんの少ししかありません。つまり名前は同じでも，その中味は同じ朝食でも味噌汁・ご飯とトースト・紅茶ほども違うのです。

(2) 形はすっきり，含意は潤沢「英語の助動詞」

助動詞は auxiliary verb です。auxiliary は形容詞では「補助の，予備の」，名詞では「そのような物や人」，前に述べたように軍隊用語では「援軍」を意味します。援軍が単独で行動することはできません。同様に，動詞のアシスタントである助動詞は必ず動詞に伴われて行動します（単独に見えるときは，後に動詞が省略されているのです）。

ところで、従者は主人の後を歩くものですが、助動詞は動詞の前に付くと決まっていて、この点でも、日本語の助動詞と反対です。また、日本語の助動詞は18もありますが、英語では do, will, shall, can, may, must とそれらの過去形だけでいたって簡単です。

けれども使い方となると、英語の方がはるかに複雑です。意味するところはすこぶる深く広くかつ微妙なものがあって、それを汲み取り使いこなすセンスを身につけるのは容易なことではありません。助動詞の動詞に対する働きは、料理にたとえれば、ソースや香辛料だといえるでしょう。ローストビーフにグレイヴィーソース、ムニエルにホワイトソース、コショウにカラシにタバスコ、刺身にはワサビ。それなしでは料理の味は完成しないのですから、それらの働きは単なる補助ではなく、補完です。

(3) 動詞は衣装持ち

go という簡単な動詞を使って着せ替え人形遊びをしてみましょう。

Go.（行け）

Will you go?（行くかい？）

Would you go?（いらっしゃいますか？）

I would not go.（私なら行かないね）

He shall go.（あの男を行かせましょう）

You should go.（行った方がいいですよ）

You can go.（行きなさい）〈軽い命令〉

Could you go?（行っていただけますか？）

You must go. 〈義務〉

You may go. 〈許可〉

I may go.（行くかもしれない）

I might go. （行かないと決めたもんじゃないよ）

動詞の衣装はもちろんまだまだあります。また右側の日本語は可能な意味の1つにすぎません。ここで言いたいのはこういうことです。

言葉はコミュニケーションの手段だと言いますが、これは単なる伝達ではなく、「心の通い合い」でなければなりません。部下に命令するにしても、行け、行ってこい、行ってくれ、行ってくれるか、行ってもらいたい、等々の言い方1つで、信頼されたり嫌われたりすることになります。英語では助動詞がこれをうまくやってくれるのです。

(4) 一人三役の do

助動詞の最初に教わるのは do ですが、これは珍しい単語です。

do homework, do one's favour ではれっきとした一人前の動詞。

Do you like it? では疑問の助動詞。

No, I don't. では否定の助動詞（like 省略）。

では Yes, I do. はどうでしょうか。ここでは do が I like の like の代わりをつとめるわけで、助けるべき相手の動詞がないのですから、助動詞とはいえません。私はこれを名詞に対する代名詞と同じ意味で「代動詞」と呼びます（I do like it. だったら、do は強調の助動詞で、「好きですとも」ということになります）。重複を苦にはしない日本語には代動詞は不要ですが、英語回路ではなくてならない存在です。Do you ...? Did you ...? に対する肯定の答えはすべて代動詞。"I like opera." "So do I." の do も代動詞です。

なお、need も助動詞に変身することができます。He need go. の need に s がないのは、助動詞だからです。また受け身の be や完了の have もその働きは、まさに助動詞です。

助動詞の働きは、封建時代の妻の「内助の功」に似て、ときにそれ

を超えるもの。人間関係の心の豊かさを増す力さえ持つもの。ただし，それも使い方次第。英語の助動詞に習熟する努力は，日本語の敬語，丁寧語，婉曲語などのセンス・アップにも貢献するにちがいありません。

4 小さくて貴重な付属品「前置詞」

　被服でいえば，ボタンやスナップ，ホック，ファスナーのように，要所要所を締めくくって全体の構成を整える大切な付属品，それが前置詞です。ボタンには大きな飾りボタンもあり，すべてを適材適所に配置するのは，なまやさしいことではありません。ちょっとのミスがせっかくのデザインを台なしにすることさえあります。前置詞はあるところまでは簡単ですが，そこから先へ行くと，かなりの達人でも迷ったりまちがえたりすることがあるようです。

　国文法にはもちろん前置詞という品詞はありません。対応するものをしいて求めれば，頭に浮かぶのは助詞です。助詞といえばテニヲハ。ハは主語，ヲは直接目的，ニは間接目的に付く。はてな，テは何だろう，とわからなくなって，調べてみて驚きました（テの正体は下線の「て」でした）。助詞は素人目には乱雑とさえ見えるほど複雑なのです。その中に前置詞で対応できるものは，ごくわずかしかありませんが，例の2つの回路の決定的な違いをいっそうはっきりさせるために，ざっと眺めておきましょう。

(1) 助詞の働きと前置詞

　助詞はその働きによって，格助詞，接続助詞，副助詞，終助詞に分

類されます。

　格助詞は，ガ，ノ，ヲ，ニ，ヘ，ヨリ，デなど10語。このうち，ガは主格，ヲとニは目的格で，これはSVOOの語順で片づくので前置詞は不要。ノは of, ヘは to, for, ヨリは from, デは道具の with と散発的ながら前置詞と結びつきます。

　接続助詞は，バ，カラ，ノデ，ノニ，ガ，テモ，ナガラなど15語。この大部分は，if, because, as, but, in spite of などの接続詞と分詞構文で処理することができ，前置詞とは無縁です。

　副助詞は，モ，コソ，サエ，デモ，シカ，バカリ，クライなど15語。これも前置詞になるものはなく，ほとんどが副詞になります。

　終助詞は，ヨ，バ，ネ，カなどの9語。これは駄目押し，反語，同感を求めるなどで，..., isn't it? や ..., right? にあたります。

　前置詞と助詞は，ほんの一部の偶然の一致を除いて，まったく別世界に属することが明らかになりました。英文法と国文法では分類の基準がまったく違うのです。それは言葉を組み立てる論理の違いから来ているわけで，ここだけに限ったことではありませんが，改めて文化の違いを考えさせられます。

(2) 前置詞との付き合い方

　助詞との関係が頼りにならないとすれば，ここでも国文法には見切りをつけて，英語の世界に没入するしかないわけですが，そこにも工夫の余地がありそうです。

　前置詞とその一覧表を暗記する方法は，試験の点数を上げるくらいで，実用には役立たないでしょう。文の中に出てくるたびに覚えていくのは，基本ではありますが，どう訳すかを教わるだけでは，これもその場限りで身につきません。工夫の1つは，共通点のある2，3の

4 小さくて貴重な付属品「前置詞」

前置詞を取り上げて，その違いを考え，それに自分なりの理屈を付けるのです。

in, at：

    arrive in the town　その地域に存在する状態になる

    arrive at the station　地点に到着

    We talked in the bookshop. I bought this book at that bookshop.

in, to, into：

    in the garden　方向性なし

    to the garden　行く先

    into the garden　外から中へ

from, out of：

    from the forest　森は出発点

    out of the forest　森の中にいたものが，そこから出て外へ

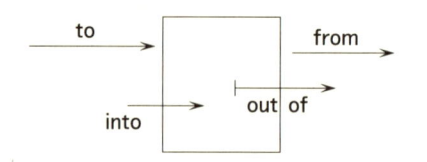

towards, against：

    towards the sun　太陽に向かって（好ましい感じ）

    against the sun　太陽の強い光に抗して（抵抗や我慢の感じ）

以上は単純な誰でも知っているような例にすぎませんが，要は自分で考えて理屈を付けるということです。英語の論理と多少はズレがあっても，記憶を固めるのに役立つのは確かです。

前に示した助詞の数は、ある文法書の例で、実際にはまだたくさんあります。しかも助動詞や副詞と紛らわしいものもあるという始末です。これに比べると英語の前置詞は数も少なく、形もはっきりしているので、その気になれば、基本をつかむくらいは、さして難しくはないはずです。その気とは、自分で整理する手間を惜しまないということです。

(3) 名詞がSやOの座を追われるとき

　日本語回路の中では、読むにも書くにも、流れてくる言葉を順に受け取っていけば、（忍耐を要することもありますが）ひとりでに意味がわかってきます。英語ではそうはいきません。左から右へ流れるままに、といきたいのですが、それには脳細胞がSVOCの枠に合うように配列されていなければなりません。そうなるまでは、意識的に文の基幹となる主語、動詞、目的語を探すわけです。そこでときどき困ったことが起こります。前置詞の付いた名詞はSにもOにもなれないにもかかわらず、レッスン中生徒に「主語はどれ？」「この動詞の目的語は？」と聞くと、名詞でさえあれば前置詞が付いていてもかまわずに選ぶ人がいるのです。

　前置詞＋名詞は形容句または副詞句になるのですから、名詞が名詞の資格を失うのは当然で、この法則には例外はありません。S, Oを探すのに話の筋から考えるときは、日本語の論理を使うわけです。英語の法則を使っていらない名詞を取り除いておく方がはるかに手間が省けます。これは前置詞が持つプラスの副作用といえるでしょう。

　先へ進む前に、前置詞にどんなものがあったか　思い出しておきましょう。

場所：in, on, at, by, to, toward, from, above, beneath, below, over, along, among, under, across, through, behind

時間：at, in, on, before, after, since, till, by, from, during

手段：by, with, through

目的：for, from

関連：of, about

除外：without, but, except

対立：against

　以上は一応の分類で，laugh at（あざ笑う）の at などは落ちていますし，また，in front of, on account of のような前置詞句があります。上のような理屈をこねる材料をこの表から探してください。

(4) 前置詞の従兄弟（いとこ）「小副詞」

　「小副詞」または「副詞的小詞」。いずれも聞きなれない言葉だと思いますが，実はカタカナ英語でもおなじみの言葉なのです。値下げ広告の30%OFF，エレベーターのアップ・ダウン，スタンバイ，ファストフードの店で「お持ち帰り」の意味に使われるテイクアウトなど。さらにコンピュータ関係の set up, shut down, log in も同類です。これらの小さな単語は，前置詞とはっきり区別せずに使われているのではないでしょうか。

　名詞の前に付いているのではないので，前置詞ではありえません。動詞の後にある以上，これは明らかに副詞です。

　数ある前置詞の中で副詞になれるのは，on, in, up, down, off, along, about などの少数に限られます。わかりきったことですが，

前置詞が2つ続いているように見えるときは、前の方は副詞です。

 go on along the street（通りに沿って行く）

 walk about in the room（室内をウロウロする）

 break in through the window（窓を破って侵入する）

なお、Come on in.（さあ入れよ）では2つとも副詞です。

以下ありふれた使い方のいくつかを振り返って、小副詞のうま味を味わっておきましょう。

 put on/off（コートなどを着る、脱ぐ）

 take off（帽子をとる、取り去る　離陸する）

 take down（（棚のものを）おろす、メモをとる、書きとめる）

 make up（メーキャップ、作りあげる、(one's mind) 決心する）

 make out（理解する、うまくやっていく、言い張る）

これらに前置詞を加えると、さらに便利な慣用句ができます。

 put up with（我慢する）＝persevere

 make up for（埋め合わせをする）＝compensate

 make out for（（の方へ）進んで行く）＝proceed to

この小さな単語の組み合わせは、難しい単語を易しく言い換えることができるだけでなく、軟らかい味わいのある多くの表現を可能にします。けれどもこれらの慣用句を非英語国民は「慣用」していません。主に活字で勉強してきた人たちにとっては、難しい単語の方がかえって聞き取り易いのです。

これは日本人だけのことではないとみえて、英語を共通語とする大きな国際会議で、言葉のハンデを減らすため、なるべく慣用句を避けて意味の明白な1語を使うように申し合わせたことがあります。私たちは固い言葉と軟らかい慣用句とを組みにして覚えるのが得策かもし

れません。

　小副詞にはこのほかにもいろいろと便利な使い方があります。田舎道で土地の人に道を尋ねると、ぶっきらぼうに Straight on. と言われることがあります。on は継続ですから、「今来た道をそのまままっすぐ行け」ということになります。刑事さんが容疑者に向かって Out with it. と言うのは、「ドロを吐け」というのに当たるでしょう。ある小説に、都会と近くの村の両方に家があって子供の頃はときどき田舎の家で暮らしたという話がありました。We lived in the cottage on and off. では、「住んでいた時期もあり、いなかったときもある」ということが、on と off の 2 語でいとも簡潔に表されていて、英語ならではのスマートな表現です。

(5) やさし過ぎる日本語の現状

　エスペラントが普及せず、英語が実質上の国際語になっている現状では、わかりやすい英語を心がけるという上述の方針は、当を得たものといえますが、各国の母語については、どうでしょうか。

　今日の日本では口語本位で「易しい」ことに最高の価値が与えられ

On the plane か in the plane か？

　アメリカ人のご夫婦。飛行機の話で、Mr. は on the plane だと言い、Mrs. は on では胴体の上みたいだから in だと言います。あなたは？　私たちは機中、機上、機内を適当に使い分けています。お昼は機中で済ませた、やがて機上の人となった、機内はやかましくて眠れなかったなど。もちろん決まりはありませんが、英語でもこうした使い分けがあるかもしれません。個人差も含めて。

ているようです。学習の効率と実用性が第一で，言語文化の質は二の次とみえます。戦前は初等中等教育で，文語体や候文（そうろうぶん）まで教えられ，漢文は熟語の供給源になっていました。これをすべて復活させよなどとは言いませんが，すべてを捨てるのは，行き過ぎと言わざるをえません。

英語で言えば，ascend でなく go up, descend でなく go down というわけです。

近頃「やさしい」がむやみに流行（はや）っています。「地球にやさしい」「お肌にやさしい」。結婚相手について好みのタイプは，と聞くと，「やさしい人」。なんという語彙の貧困！

「優しい」と書けば優美，優雅，優艶などが連想されて，内容が豊かになります。「やさしい」にはまた，温和，温順，柔和もあり，平易，平明の意味にもなります。やさしい男性というのは，もしかすると easy to control つまり御（ぎょ）し易い亭主のことかもしれません。

英語では小副詞＋前置詞の易しい慣用表現に習熟し，日本語では反対に，もう少し難しい言葉も使いこなせるようになりたいものです。日本語には，たゆたう，しなだれる，しとやか，ゆかしい等，直訳不可能な美しい言葉がたくさんあります。状況や感情を見事に描写する切れ味のいい漢字熟語にも事欠きません。英語もまたこれに劣らず表現力豊かな言語です。こう考えてくると，文学の翻訳に完全はありえない，というのも，なるほどとうなずけます。

(6) and と or の右，左

and はその右左にある語・句・節・文を結び付け，or はそれを選択的に関係づける，とここまではいたって簡単ですが，なめてかかるとひどい目に遭うことがあります。カンマがやたらにある複雑で長い

文になると，右にも左にも組み合わせの相手になれそうな単語や句や節がいくつも目に入ります。軽率に手近かなものを選んで結び付けてしまうと，文脈が大混乱に陥ります。とんでもない誤解をしたり，わからずじまいで投げ出したり，ということになりかねません。

　日本語ではこういうまちがいは，よほどの悪文でないかぎり，めったに起こらないでしょう。それには 2 つ考えられます。その 1 つは日本語では，単語や句をつなぐのは「と」「や」，節や文には「そして」「それから」などと結合の道具が揃っているので迷うことはありません。英語の道具は and だけ。もう 1 つの理由は，日本語回路の中なら，長い文でも順序が多少おかしくても，読み下しながら意味を取っていくのに何の苦労もないので，そのつながりも自然にわかるからです。英文ではそう簡単にはいきません。

　というわけで，日本人の脳細胞は，接続詞の前と後を慎重に確認する作業などまったく経験がありません。この頭で英語に臨めば，and の右と左をうかつに取り違えて，ついにお手上げとなりかねません。複雑な英文の中で and や or に出会ったら，落とし穴を警戒してかかることです。1 つの文に 2 つ以上の and となれば，さらに面倒になります。or の場合は and ほどではありませんが，ほぼ同様の注意が必要です。

終　章

異文化拾遺

終章　異文化拾遺

　英語回路と日本語回路はそれ自体が異文化現象の典型で，そこに現れる習慣や制度についてはそのつど触れてきました。ここでもう一度，新たな視点から文化の違いの興味深い姿を拾い上げることにします。

1　ことわざと比喩

　ことわざと比喩による修飾とが，文化の違いを顕著に反映する領域であることは言うまでもないでしょう。長い時間をかけて習俗として定着したそれらは，移植不可能な味わいを持つと同時に，人類共通の人生哲学を感じさせることもあります。ことわざも比喩も，その文化圏の中では誰もが知っている事物を根拠としている上に，発想にも連想にも独特なものがあるので，理解が難しいのは当然です。もっと恐ろしいのは，簡単な説明でわかったつもりになり，違いを見落とす危険です。

　　The early bird catches the worm. （早起きは三文の得）
　　Time flies like an arrow. （光陰矢のごとし）
　　Count one's chickens before they are hatched. （捕らぬ狸の皮算用）

　これらはかなりよく合っているようですが，餌である虫を捕えるのは鳥の生活の主要な部分。三文の方はわずかの金銭的利益と解すれば，これは余禄のようにもみえます。弓と矢の話は完全な一致のようですが，日本の方は後に「一度去りてはまた還らず」が付いています。つまり飛んでいった矢は取り戻せないというところに重点があり，時の

流れの速さを語る英語とは違うようです。ヒヨコと狸とでは, 与える印象に大きな違いがありますし, またどちらも現代の都会人には経験のないこと。文化の違いは国内にもあるわけです。

Don't cry over spilt milk. でも, 水とミルクの違いは前に述べたとおりで, これも完全に一致するとは言えません。

次の2つには, イギリスの事情がからんできます。

　　Make hay while the sun shines.
　　Every field has two entrances.

冬中の飼料にする乾草作りは, 稲の乾燥に匹敵する大事な仕事です。太陽云々は仕事にはタイミングが大切だということでしょうが, while the sun shines には, 実は特別の意味があるのです。イギリスの天気が変わりやすいことはかなり知られていると思いますが, 乾草の季節には, 一日のうちに何度も照ったり曇ったり降ったりを繰り返すことがあるのです。つまり「わずかの日照時間を逃さず利用せよ」ということで, 晴雨についての感覚が違うというわけです。

field についても前に書きました。柵で囲われた field でこそ意味があるわけで, 日本の畑や野原では entrance なんてナンセンスです。

比喩を使った修飾には文化を異にする私たちを戸惑わせるものがたくさんあります。

　　mad as a hatter（まったく狂っている）〈hatter は帽子屋〉
　　wise as an owl（梟のように賢い）
　　poor as a church mouse（赤貧洗うが如し）
　　lie in one's throat（白々しい嘘をつく）
　　in apple pie order（秩序整然として）

帽子屋と狂人とどうつながるのか。私たちには梟を賢い鳥とみる習慣はない。お寺とは違い教会には，食べ物のお供えがないからだろうか。喉で嘘をつくとは？　アップルパイはまったく見当もつかない。このように文化の違いからくる混迷の例はいくらでもあります。

　英語の習い始めに必ず出てくる単語に hand と foot があり，「手，足」と覚えます。少し進むと，hand は wrist（手首）から先で，そこから上は arm。foot は ankle（足首）から先で，そこから上は leg だと教えられます。leg を「脚」と訳すと膝から下になり，美しい足も大根足もこれに合いますが，この解釈だと，「足長おじさん」Daddy Long Legs はずいぶんおかしな格好になります。日常的な使い方では，arm も leg も付け根から先端までをいいます。

　面白いのは，手や足を使った比喩的表現です。英語にも日本語にも実に豊富で，それらの中には，そっくり同じ形が同じ意味に使われているものがあるかと思うと，どうしてそんな意味になるのかまるで見当がつかないものもあります。言葉のセンスの共通性と異質性に注意を向けながら，下の例を味わってください。

　　have a good hand（いい手を持っている）〈トランプ，麻雀〉
　　have a hand in a plan（計画に手を出す）
　　many hands make light work（人手が多ければ仕事は楽になる）
　　change hands（人手に渡る）
　　with both hands（全力を傾けて）
　　from hand to mouth（その日暮らしをする）
　　win a lady's hand（結婚の承諾を得る）
　　foot it（歩いていく，くる）

foot note（脚注）

have one foot in the grave（棺おけに片足を突っ込んでいる）

foot the bill for（勘定を引き受ける）

be under a person's feet（人のじゃまになっている）

My foot!（おやまあ！）

日本語側から、「手が長い」「手を焼く」「足が速い（腐りやすい）」などが英語ではどうなるか、調べてみるのも面白いでしょう。同様の比喩的表現が、顔、頭、目、耳などにも多いことは言うまでもありません。

2　なくて済むもの，済まないもの

　前にもちょっと触れたように、スペイン語ではすべての動詞が1人称、2人称、3人称、単数、複数と、語尾を6通りに変化させるので、主語は不要で、省略するのが原則です。英語は言うまでもなく省略しないのが原則。といっても簡単な日常会話にはかなりの省略がありますが、日本語となると、まったく無原則に取ったり付けたりする上に、目的語を省くことさえあるので、日本語を学ぶ外国人には悩みの種のようです。

　英語圏の若い研究者を私の家に置いてあげたことがあります。ある朝大学へ出かける彼と、買い物に行く私たち夫婦とが、一緒に駅へ向かいました。途中で時計を見た妻が、「間に合わないかもしれない」と言うと、「何がですか？」とキョトンとしています。We may miss the train. の We と train は日本人にとっては自明で、省略しても通

じるのですが。

　また別の日，彼が出かけた後に電話があり，大学へ行ったと告げると，ではそっちへかけるということになりました。そこで夕方彼が帰宅したとき，「今日電話がありましたか」と聞くと，またキョトンとして，「誰が？」と言います。Did anyone call you? から2語が抜け落ちているというわけです。

　英語で話すとき，このような日本語を直訳する人はいないでしょうが，これは日本語学習中の外国人に話す場合に要注意です。

3　有礼族と非礼族

　赤の他人が集まって共存している現代の都市的社会で平和に円満に暮らすためには，摩擦を避けるための潤滑油として，行動と言葉に一定のマナーが求められます。礼儀作法を封建遺制だという人がいますがこれはまったく違います。どの国にもたぶん，それを身につけている有礼族とそれが欠けている非礼族とがいるはずです。今の日本には後者が少し多すぎるのではないでしょうか。

　ある大学の通信教育で洋上スクーリングというのがありました。夏季6週間の面接授業を，1万トン級の客船をチャーターして航海中に行うのです。食事は一等船客用の食堂でした。真っ白なテーブルクロス，白服で前腕にナプキンをかけたボーイさん。ところが学生の大部分はそのような食事の経験がなく，マナーも知りません。スプーンや水が欲しいと，ただひと言，"Spoon" "Water" と言います。いつも一等船客のマナーに慣れているボーイさんたちはこの非礼に我慢がならないのか，頼まれたスプーンをテーブルの上に放り出すように置い

ていきました。学生たちが英語に弱いのはわかっていますが，please くらいは知っているはずです。とすればこれは言葉の問題ではなく，彼らが非礼族であることを示しています。

英語の丁寧表現の代表である Will you, Would you, I would like は，仮定法のなんのとうるさいことを言わなければ，簡単に覚えられます。May I だって Allow me だって難しいことではありません。それなのに一応会話を習った人が丁寧表現を使いこなすのを見ることはまれです。さっきの学生のようにまったく使わないか，相手かまわず 1 つ覚えの Would ... で済ませるかなど，これも心の問題か，それとも英語のせいか，あるいは両方でしょうか。

欧米ではスプリング・ドアを通るとき後に人がいれば，扉をおさえて待ってあげるのが普通です。日本でこれをやると，王様のように威張って通っていく人が多いのです。狭い歩道に物が置いてあって 1 人

英語にある「敬語」

初めてのイギリス滞在中，切手を買おうと郵便局の窓口に並んだとき，私の前に上品な，ひと目で本物の gentleman とわかる青年がいました。彼は 6 ペンスの切手を20枚買うのに，窓口の係員に向かって，なんと，Would you please, give me ... とやっています。Would you は最高に丁寧な言い方だと教わっていた私は，こんな場所でどうしてこんな言葉を使うのかと，思わず彼の顔を見てしまいました。イギリスでは丁寧語は，目上に対してだけでなく，自分の階層を示すのだと友人の 1 人が私の疑問を解いてくれました。考えてみると，このことは日本でもある程度言えそうに思います。ちゃんとした人はちゃんとした言葉を使うのが当たり前です。運転手や店員や駅員などに高飛車に乱暴な口をきくのは，教養のない人に決まっています。有礼族と非礼族は国内の異文化です。

しか通れないとき，待ってあげても，会釈1つしないのが過半数です。会釈は日本古来の習慣ですが，それさえこの有様です。問題の比重は言葉よりも心にかかっているようです。

　では，心構えさえあれば英語の丁寧表現が使えるかというと，そう楽観するわけにはいきません。というのは，日本語の丁寧表現さえ満足に使えない人が増えているからです。

　ハマユウの話をしていた植物学の教授が，「これは本当はハマオモトと申し上げますが」と言っていました。「…とおっしゃられていらっしゃいました」というのもありましたし，「〜を読まさせていただきます」といった類の珍妙な言葉もよく耳にします。反対に「那須御用邸に滞在している天皇陛下…」がニュースで堂々と使われる始末です。こんな頭で英語の世界に踏み込んでも，英語の丁寧表現がまともに使えるとは思えません。

　さてそこで考えられるのは，まず言葉の場で英語の丁寧表現をマスターすれば，その修練過程は，日本語の敬語の修練に役立つかもしれないということです。人間関係の奥底には，文化の違いを超えた共通の原理が働いているはずですから。上手に使えば，これも二刀流がモノを言う場面です。

4　類似言葉の使い分け

　ひと口にステーキといってもヒレ，サーロイン，そしてステーキの焼き方にもレアーやウェルダンといろいろあるように，よく発達した，つまり sophisticate された言語には，類似した意味を表す少しずつ異なる言葉のシリーズがあります。

(1) 発言のさまざま

まず簡単な say, speak, tell, talk の再確認から始めましょう。

say：頭や心の中にあるものを、言葉に出す。「言う」。最も広い意味での発言。newspaper says のように「筆舌」の筆だけでもいい。また相手の有無を問わない。

speak：これには声が不可欠。機械の声でもいい。相手は多数でも不特定でも。演説、報告など発言者は speaker。He speaks much but says nothing.（あの男はよくしゃべるが内容は空っぽだ）speak に合う日本語は、話し言葉の「しゃべる」しかないようです。

tell：相手が必要。たいてい一方通行。筆舌いずれも可。tell a tale は「物語を話して聞かせる」。Jesus loves me, this I know, for the Bible tells me so.（聖書が教えてくれるから……〈子供の賛美歌〉）。

talk：相手と話し合う。相手を必要とし、しかも互いにという条件を1語で満たす訳語は見当たりません。「対話する」では狭くて固い感じになってしまいます。

以上4つのありふれた動詞の性格をざっと整理してみましたが、どれもその使い道は広く、意味も場面によって違いますから、訳語は関連する日本語シリーズからそのつど選び出さなければなりません。

それでも、これらは使い慣れている単語ですから、たいして困ることはないでしょうが、同じ種類の行為や事柄を表す見慣れない単語がいくつもあって、使う場面や意味が少しずつ異なる言葉の処理は面倒です。意味を正しくとるだけでも簡単ではなく、英語回路の中で自分

で使うとなると，多くの中から適切な単語を選ぶのは，さらに難しい仕事です。そのような「類似言葉シリーズ」を2，3拾ってみましょう。

(2) 続・発言シリーズ

state：express in words, declare, say, assert, express, tell「(はっきり，詳しく) 述べる，(法) 陳述する」

declare：make known, announce openly or formally, state firmly, say, state, proclaim, announce, pronounce, affirm, assert「宣言する，言明する，申告する」

この2つは名詞になると定訳があります。statement「声明」，declaration「宣言」で，declare はもっと軽い意味で，空港でよく聞く言葉です。Anything to declare?（申告するもの（関税がかかるもの）をお持ちですか?）

observe：remark「（観察後に感想として）述べる」

remark：make remark, say「（所見として）述べる，書く」（受動的でなく自発的な発言）　Washington once remarked. では論語の「子曰く」のような感じになりますが，chance remark は「ふともらしたひと言」といった軽い意味。

英語のままで意味と使い方をつかんだ上で，違いをはっきりさせましょう。ところが，はじめの説明と違う使い方が出てきたり，Aの同義語にBがあり，Bの同義語にAが入ってくるという始末ですから，線引きは容易ではありません。それでも，こうやってこね回してみると，それぞれの単語のイメージが，英和辞書の訳語を超えて浮かび上がってくるはずです。以下の例についても同じことがいえます

(AとBが互いに同義語になっているのは，それぞれの一部分が一致するだけのことで，両者は代替可能ということにはなりません。念のため）。

(3)「考える」シリーズ

consider : think about, especially in order to decide, study, reflect on, contemplate「熟考する，斟酌(しんしゃく)する，考慮に入れる」

contemplate : consider as a possibility, intend, meditate「沈思黙考する，瞑想する」（英語の説明とのズレに注目）

meditate : think deeply and quietly, plan「黙想する，熟慮する」
　　meditation は宗教的な瞑想の意味によく使われますが，それに限るわけではありません。推理小説では，premeditated cold blooded murder（冷酷な計画殺人）という使い方をよく見ます。

ruminate : meditate, ponder「思い巡らす，沈思する」
　　もとは牛の反芻(はんすう)のこと。胃に詰め込んだ草を口に戻して，ゆっくり時間をかけて咀嚼(そしゃく)するように，ゆっくりのんびり思い巡らすという感じでしょうか。中学の英語のテキストに，農場で牛に追いかけられて木に登った子供の話がありました。木の下では牛がのんびり ruminate していて，なかなか動きそうもない。木の上ではその子が，どうしようかと ruminate している，というわけです。

ponder : be deep in thought, think over, contemplate「あれこれじっくり考える，思案する」

(4)「馬鹿と利口」シリーズ

ひと口に馬鹿の利口の，頭が良いの悪いのと言っても，程度も質もいろいろあります。fool には，親しみをこめた「お馬鹿さん」，からかい言葉の「あほう」「とんま」，軽蔑的な「間抜け」「バカ野郎」などに相当する面白い単語が，同義語としてぞろぞろ出てきます。

dunce, simpleton, blockhead, minny, nitwit

まだまだありますが，割愛します。これらは英語でも日本語でも兄弟や親しい仲間のあいだでもよく使われる言葉です。けんかの時の「バカヤロー」は「こん畜生」と同じ間投詞で蔑視の気持ちは含まれていません。

少し「足りない」人はたいてい好人物で人々に愛されているようです。落語に出てくる与太郎は愛嬌者です。fool には clown（道化師，ピエロ）の意味があり，仮装行列では fool が見物人を笑わせます。また The king always insisted on having the fool at his side. といった具合に，イギリスの宮廷には fool がつきもので，シェークスピア劇にもよく登場します。

これとは別に，知能の程度を示す次の言葉も重要です。

idiot：mentally deficient person incapable of rational conduct, very stupid person, fool, dunce, moron

moron：adult with intelligence equal to that of a child of 8〜12 years old, very stupid person

imbecile：mentally deficient person, stupid person「moron—imbecile—idiot」の順に低下するわけです。このような心理学的な定義はもとより学者があとから与えたものにすぎません。日本語では，こういうランクづけはされていません。クリスティーの名探偵ポアロは，重大な失敗に気づいたときなど，

"What an imbecile!" と自分を責めてくやしがります。

利口の方は馬鹿ほど人気がないようで、ふざけたバラエティーはあまりありません。次の2語に注目しましょう。

wise：showing soundness of judgement, having knowledge, (sl) aware, informed, intelligent, sensible, reasonable, sage, judicious「賢い、思慮分別のある、博学な、もののわかった」

wise の基本的な意味は、知識よりも善悪を判断する健全な知性にあります。ところが実際にはかなり外れた使い方が見られます。

聖書のマタイ10章16節にイエスが弟子たちを宣教に派遣する場面で、これは狼の群に羊が入っていくように危険な仕事だから、「蛇のように聡(さと)く、野鳩のように素直であれ」というところがあります。この「聡く」は、他の訳では「賢く」となっています。では英語はというと、これがまたまちまちなのです。もっとも権威があるとされる King James's version では、as wise as serpents。アメリカのある version では、shrewd as snakes。また易しい訳として知られる Jerusalem Bible では、as cunning as となっています。wise と shrewd と cunning とでは、まるで意味が違うようにみえます。聖書学者や聖職者がいい加減なことをするはずがありません。wise にはずいぶん広い意味があるようです。そもそも wise の説明に、健全な善悪判断ができることと知識を持つこととが並んでいるのも問題です。この点、日本には wisdom（知恵）と knowledge（知識）を厳密に区別する考え方があります。知識は必要に応じて手に入れられるが、知恵は使い込んで艶(つや)が出た道具の価値

終章　異文化拾遺　149

と同じで，一朝一夕に身につけられるものではないというのです。wise は倫理的な概念とみるわけです。ここでは日本語の方が厳格だといえそうです。

　スラング(sl)で informed（知っている）の意味になるというのはピンとこないかもしれませんが，こんな具合に使います。空き巣に入られた人への警官の説明です。

　The thief may have been wise of your long absence.
（長期不在を知っていたようだ）

clever：quick at learning and understanding things, showing skilled, bright, shrewd, quick, talented, expert, gifted, smart
「才気ある，賢い，如才ない，巧妙な，小利口な」

　要は頭がよく働くということですが，悪い方への働きにもなります。「ここへ来るのにキセルをやって，電車賃を100円得しちゃった」"Oh, you are clever."

　ここに shrewd が出てくるのを見れば，さっきの聖書の話も納得がいきます。危険に遭わないよういつも気をつけていなさい，ということでしょう。bright は頭脳明晰ですが，いわゆる「頭がいい」には He has brains. をよく使います。ものごとを理論的に考えられる頭を意味します。要領がいい人を指して「アッタマイイー！」というのはあまりよくない意味での clever でしょう。

　このほかシリーズとはいかないまでも，使い分けに配慮を要する単語の組み合わせはいくらでもあります。もう少し見ておきましょう。
　高いの high と tall は山と身長で区別しますが，それだけでは片づかないこともあり，大小の big−little と large−small はいっそ

う厄介です。big には great に近い意味があり、big man は大物のことですが、これを large man とは言いません。背が低いのは short または little で、little man には大物に対する小物の感じを伴うこともあります。これも small man にはなりません。Collins の英語用法辞典では、big と large は generally interchangeable だとしていますが、これは少々無理で、「ある程度」とすべきでしょう。

アチラ側から見ると、日本語の「固い、硬い、堅い」「暑い、熱い」などが難しいようです。また夏の暑さに私たちは hot を使いたくなりますが、40度を越すような暑さでないかぎり、very warm, too warm が普通です。すべてこの種の難しさは、相手の領域に飛び込まなければ克服できません。日本にいてこれを行う有効な手段は、なんといっても多読です。

(5) 類語シリーズのまとめ

同じ範疇(はんちゅう)に属しながら少しずつ意味の違う言葉シリーズの使い分けを、主として英語から見てきました。これらの単語の訳に当たる日本語もシリーズにまとめることができます。けれども英語シリーズ ABCD と日本語シリーズのアイウエとはそれぞれの文化の中で自然発生的に成立したものですから、日本語の論理と感覚で英語の使い方を考えると、多少のズレは避けられません。日本語を学ぶ英米人にも同じことが言えるでしょう。したがってこのような単語の場合、英和辞書や和英辞書に頼りきるのは危険（dangerous でなく risky）です。ではどうすべきか。言葉を置き換えるのではなく、英語は英語にまかせよ、日本語は日本語にまかせよ、ということです。

たとえば、C という単語が出てきたら、シリーズの仲間のすべてを思い浮かべ、近くにいる B や D と、その語意、語感、使い方を比

較照合するのです。それによってその単語の identity を訳さずに把握できるようになります。対応する日本語のシリーズでもこれを試みれば、どの英語にどの日本語が当てはまるか、的確な判断ができようというものです。このような学習姿勢が習慣化すれば、二刀流の極意はもう目の前です。

5　挨拶言葉のリスク

　ある短大の英語クラブの学生（といっても興味だけで力はない）が、近くの研修所の留学生との交流会を開きました。クラブの会長が開会の挨拶に立って、前夜の苦心の成果を読み上げた最後に曰く、I leave everything to you. あとで聞いたら、和英辞書で「どうぞよろしく」を調べたとのこと。相談の後での「万事よろしく（おまかせします）」と取り違えたのでしょう。

　最近ラジオの会話レッスンで、Nice to meet you. を「はじめまして」とまったく同じであるかのように説明していました。これを何とかの1つ覚えで、学長さんの個人面接の際にそのまま使ったら、礼を失することになるでしょう。友人から紹介された外国のピアノの先生への初めての手紙の冒頭に、Nice to meet you. を発見してびっくりしたことがあります。「はじめまして」のつもりなのです。

　そもそも、同じレベルの、例えば学生同士で、「はじめまして」なんて言うでしょうか。名前を告げてうなずき合うだけ、あるいはせいぜい「よろしく」ぐらいが普通でしょう。Nice to meet you. はその程度の軽さだと思うのですが。いずれにせよ、挨拶用の決まり文句を安易にイコールで結ぶ教え方は問題です。もちろん学ぶ方も。履物で

も下駄と靴では使う場合が違い、朝食といっても、パンにコーヒーとご飯に味噌汁では大違いです。そこにズレがあれば満足は得られません。挨拶は心の通うコミュニケーションの出発点です。文化的背景や文化の基礎である文法にも触れて、慎重に扱いたいものです。

外国の人に日本の挨拶を教えるときにも、同様のことが起こります。「こんにちは」を Hello! や Hi! と同じだと教えるのも考え物です。宿泊施設のある国際研修所で、そう教えられた研修生が、教室、廊下、食堂、庭のいたるところで、顔を会わせるたびに、同じ人に何度でも「こんにちは」と言います。

Good day/afternoon は「こんにちは」、Good evening は「こんばんは」とイコールにすると、システマティックな頭脳の持ち主なら、「それなら Good morning は『コン朝は』か」と考えるかもしれま

怪しい日本語

日本語シリーズの意味は日本人にはわかりきっているのだから、比較照合なんか必要ないと言われそうですが、そう言い切れるでしょうか。

近頃の日本語は大分怪しくなっています。「台風は明朝石垣島の西方を北上する予定です」人間が台風の進路を決められれば苦労はありません。「集中豪雨で大洪水が勃発しました」の「勃発」は戦争か大暴動などに限ります。「気温の変化で風邪を引かないよう着るものを調整してください」機械じゃあるまいし、これは「調節」でしょう。

このほか、捜査と捜索、同行と連行、見本と手本の誤用などがニュースや講演にも現われるという有様で、言葉を粗末にする人が増えています。ましてシリーズの微妙な違いともなれば、日本語だから大丈夫と安心するわけにはいきません。日本語が満足に使えないで、どうして英語の上達が望めるでしょうか。

せん。

　もっと難しいのは「毎度ありがとうございます」の説明です。商店の決まり文句で，客への「さよなら」の代用，といえばそれで済みます。本来の意味は We thank you for your frequent（あるいは continual）patronage. とでもいうところでしょうか。日頃のご愛顧への感謝ですから，「毎度」を every time とするとちょっと違うようです。もちろん原意にこだわる必要はありませんが，たまには慣用表現の裏側を日英両方からのぞいてみるのも，相互理解を深めるのにいくらか役立つかもしれません。

　ついでに Glad to see you. と Nice to meet you. とをちょっともてあそんでみましょう。see は自分が相手に会うことで，一方的。これに対して meet は両方から来て出会うことで交互的です。ボールとバットのジャスト・ミートは meet の性質をよく表しています。一方 I am glad は自分の感情の主観的表現ですが，It is nice の方は客観的な評価という感じです。

　実際は，同じような場面で同じような調子で使うのですから，こんな解剖は成句の生命を傷つけるだけで意味がないかもしれません。けれども言葉には，伝達だけでなく，論理の担い手という重要な役割があるのです。たまにはこんな遊びも頭の体操になるでしょう。

結 び

――さらなる前進のために――

　これまで英語の学習上の要所を島づたいにたどりながら，それぞれの場で二刀流のパフォーマンスを試みてきました。英語と日本語の間の，学習にも実用にも役立つ相違点のいくつかが霧の中から姿を現したことと思います。こうして違いを強調するのは，英語の特質に慣れるためです。慣れるにつれて異質な回路への違和感は次第に薄れていくでしょう。

　サッカーファンの女性に野球好きのボーイフレンドができました。誘われて野球に付き合うと，彼がルールやら見どころやらを解説してくれるのですが，一向に面白くありません。でも回を重ねるうちにサッカーとは違った魅力を見つけ，またサッカーの良さも再発見して，やがて両方を楽しめるようになりました。いつもこんなにうまくいくとは限りませんし，英語の場合には多くの時間と努力を要しますが，ここでは「二兎を追うものは…」のことわざは成立せず，共倒れで二倒流になる心配はありません。

　こんな話もあります。日本のカトリック教会で活動しているアメリカ人神父さんの述懐です。日本語を話すとき，始めのうちは首をすげ替える気持ちになったものです。慣れてくると帽子を取り替えるくらいの気分で済むようになりました，と。その先は聞いていませんが，2つの回路の乗り換えに要するエネルギーは次第に少なくなっていきます。

　異なる言語はそれぞれの民族として最高の文化遺産ですが，それは国家民族間の相互理解と親和を妨げる障壁ともなります。今や，外国人がガイジンで外国語は異人の言葉だった時代は過ぎ去りつつあります。他の言語

を尊重しながら, 言語障壁を低くするための誰でも踏み出せる第一歩は, 母語に対するのと同じ親しみと敬意をもって, 自分とかかわりのある他国語を学ぶことです。これこそ, 大げさに言えば, 世界平和への道であり, 二刀流（欲を言えば多刀流）の根本精神でもあります。

　最後に読者の皆さんへの感謝の気持ちを, 私たちが訪れた国々で使ったことのある「アリガトウ」で述べさせていただきます。（発音, イントネーションは現地でどうぞ）

　サンキュー, ダンケシェーン, メルシー, グラシアス, エスケリーク・アスコ（スペイン北部のバスク語）, グラチエ, マンゲ・ターク（デンマーク）, キートス（フィンランド）, スパシーバ（ロシア）, ジンクィエ（ポーランド）, アサーンテ・サナ（ケニア：スワヒリ語）, トダー・ラバ（イスラエル）, コプクンマ・クラップ（タイ）

付録　仕上げのために

序章　回路

文中の形容詞句・節，副詞句・節などの修飾語を（　）に入れ，骨組だけの意味がわかってから全体を理解してください。

The kind old woman generously gave the boy who had made a lot of mischievous to her something to drink he likes very much.

（参考）　骨組み　woman gave boy something　（4文型）

意味　その親切なお婆さんは自分にさんざんいたずらをした男の子に気前よくその子の大好きな飲み物を与えた。

第1章　音と文字

① 日本語で「オー」と発音する単語を選んでください。全部「オー」に思えたら辞書で確かめてください。O の文字を「オー」と発音する語は意外に少ないようです。

ball　law　August　Paul　order　no　toll　pole　draw

（参考）　au　aw　al は [ɔː] の発音（au aw は決してアウにはならない）

② 日本語では「エー」とのばす次の単語の綴りを書きましょう。

メール　ベール　デート　トレーニング　テークアウト　レーダー　レークサイド　レールウエー　ペーパー　ベーカリー

（参考）　英語には [e] の長母音はありません。ai の綴りは [ei] と読みます。

make, ace のように e で終わる単語の後ろから3番目の "a" は [ei] と読みます。

③ カタカナになると同じ音になる次の単語を丁寧に発音してみましょう。

lake rake　　lamp ramp　stamp stump　glass grass
thank thunk　sick thick　 want won't　 carve curve
farm firm　　tarn turn　　bat but　　　valve bulb
law low

第3章　動詞

① 次の文で完了形を使わなければならないのはどれですか。完了形を使って書いてください。

  i　この古墳は縄文時代に作られた。
  ii　行ってみたらA氏はもう死んでいた。
  iii　この山は去年噴火したばかりだ。
  iv　彼は丁度きたところだった。
  v　雨はまだ降っている。

  （参考）　完了形ははっきりした過去の時を表す語と一緒には使えませんから i , iii は完了形は使いません。

② 次の文で，名詞や形容詞だと思いこんでいた単語（下線部分）が動詞に使われている様を味わってください。(SVOC の位置によって判断)

  i　These devices condition the room cool and dry.
  ii　Did the judge sentence death?
  iii　The teacher doesn't negative the students' proposal.
  iv　She continued to cup her chin with both hands.

付録　仕上げのために　159

③　日本語にも英語にも同じような意味を表す言葉がいろいろあります。場面によってどれでも自由に使えるようにしましょう。

（例　ascend―go up）

descend（　　　　　）　put up with（　　　　　）
in addition to（　　　）　start（　　　）　shut down（　　　）
rot（　　　　）　use up（　　　）　start（　　　　）
go on（　　　）　　by degrees（　　　　）

④　自動詞，他動詞に注意し主語を決めて次の内容を英文にしてください。

　　i　台風で道路が破壊した。
　　ii　火事の原因は判明されなかった。
　　iii　結果はまだ報告してない。
　　iv　幼いころ親に死なれた。

第4章　冠詞

①　冠詞のあるなしで意味や使い方が違うものがあります。次の場合を考えてください。

the earth　the air　the water　the room　the people　the school
　　earth　　air　　water　　room　　people　　school

②　語尾に"s"を付けると意味が異なる語があります。比べてみてください。

feeling　　value　　arm　　people　　paper
feelings　values　arms　peoples　papers

第5章　形容詞

①　現在分詞，過去分詞を形容詞に使った文に慣れましょう。

I saw a swallow for the first time this year.

swallow に前付き現在分詞，後付き現在分詞を付けてください。

　　　　　前付き過去分詞，後付き過去分詞を付けてください。

（参考）　I saw a flying swallow for the first time this year.

I saw a swallow flying high in the sky for the first time this year.

I saw a newly-born swallow for the first time this year.

I saw a swallow newly-born in the nest for the first time this year.

これにならって他の形容語を入れてみましょう。

② 英文にしてください。次にいろいろな副詞や形容詞を付け加えてみましょう。

私は以前父が住んでいたフランスの町を訪ねました。

（参考）　I visited the town in France where my father once lived.

I, working as a journalist, visited the town famous for wine in France where my father who was a writer once lived for ten years.

　　（ごつごつした文章ですが，まずは文法通り組み立てる練習です）

ジャーナリストの仕事をしている私は，作家だった父が以前10年間住んでいたワインで有名なフランスの町をたずねました。

第6章　副詞

副詞　frequency

① 次のような場合にふさわしい，頻度を表す副詞を日本語と英語の両方で考えて見ましょう。（回数は同じでも多いと見るか少ないと見るか，人と場合で違うでしょう。次の場合はいずれも回数は２，３回とします。）

海外へ出かける	年に	学校を休む	月に
	月に		週に
風邪を引く	年に	地震がある	年に
	月に		週に
テニスをする	月に		
	週に		

② 強さの程度の微妙な違いを日本語で上手に表してみましょう。

 i　He is very strong.
 ii　He is not very strong.
 iii　He is a little less strong than his brother.
 iv　He is less strong than his brother.
 v　He is much less strong than his brother.

第7章　異文化

① 主語を省略する日本語の典型とも言うべき次の短文を英語らしい英語にしてください。（誰が誰に向かって言っているかを考えてください）

 i　彼があのことを私に教えてくれたのはいいことだった。
 ii　ここから家まで10分かかります。
 iii　早起きは健康にいいですよ。

iv　まだ間に合いますよ。

　　v　とても寒い。こごえそうだ。

　（参考）　i　It　that　の構文で。

　　　　　ii　It takes …

　　　　　iii　It　　for　　to不定詞の構文で。

　　　　　iv　You still have time. You can make it,

　　　　　v　It's very cold. I'm freezing.

② 「バカ」にあたるさまざまな英語をみてきました。次の場合はどれを使ったらいいでしょうか。（全く別の表現もあるかもしれません）

　　i　ばかなことをしたものだ。

　　ii　ばかにするな。

　　iii　ばかばかしいことだ。

あとがき

　英語を重視する海軍士官教育を受けた父親，イギリス人の先生が何人もいる名門女学校を出た母親の目に見えない影響を受けた光治。英語好きで勉強家だった兄達にこづきまわされて育った多嘉子。こうした環境のおかげで二人とも中学に入るまえから英語というものになんとなく親しみを感じていました。

　学校を出てから英語を使う職業につき，英語教室を開き，英語なしではすまされない研究に従事し，何人もの英語国民との親交を楽しみ，さらに自分たちの勉強を続けるようになったのは，この幼時体験と関係があるかどうかはわかりませんが，英語好きは私たちの最大の共通要素です。こうした長い人生行路で形成されてきた私たちの英語観とでもいうべきものを，ある角度で切ってまとめたのがこの本です。

　出版に際して格別のご尽力をいただいた八朔社の片倉和夫氏，出版の糸口をつけてくださった日本大学の安田元三名誉教授，パソコン処理で助けていただいた大久保美津子さん，原稿の体裁を整えるうえで多大の労力を費やしてくださった全国協同出版の佐藤修身氏，キーワード等について専門的な助言をいただいた川中子修氏，その他私たちの英語をここまで導いてくださった多くの方々のご恩に対して，ただただ感謝あるのみです。

　この本がいくらかでも読者のお役に立つことを念願しつつ。

　2005年6月

　　　　　　　　　　　　　　　　　　　　　　　　　著　者

[著者紹介]

藤澤光治（ふじさわ　こうじ）
1916年生まれ。1941年に東京大学工学部を卒業，農学博士（農村社会学）。協同組合短期大学にて研究と教育に従事。その後，東京農業大学，日本大学大学院等講師を歴任。調査・研究のため，イギリスをはじめイスラエル，カナダ，ニュージーランドなど10数カ国を訪問・滞在。この間JICAの国際研修機関で英語の講義，イギリスの専門誌への寄稿など英語に深く関わる。著書に『協同組合運動論』（家の光協会），訳書に『21世紀の協同組合原則』（全国協同出版）など多数。

藤澤多嘉子（ふじさわ　たかこ）
1936年生まれ。留学生対象の研修所IDACAに勤務の後，大学に進み英文科を卒業。1978非英語国民への英語教授法研究のためイギリスに約1年滞在。帰国後，自宅に英語教室「培林学舎」を開き今日に至る。

連絡先：〒183-0044　東京都府中市日鋼町1-3, 19-401
　　　TEL 042-302-9560

日本語がわかれば　英語がわかる
二刀流英語上達法

2005年8月20日　第1刷発行

著　者　　藤　澤　光　治
　　　　　藤　澤　多嘉子
発行者　　片　倉　和　夫

発行所　　株式会社　八朔社
東京都新宿区神楽坂2-19　銀鈴会館内
〒162-0825　振替口座00120-0-111135番
Tel. 03(3235)1553　Fax. 03(3235)5910

©2005. 藤澤光治，藤澤多嘉子　　印刷・製本　信毎書籍印刷
ISBN4-86014-027-3

───八朔社───

(財)東北産業活性化センター編
国益を損なう英会話力不足
英語教育改革への提言
二二〇〇円

長崎総合科学大学・長崎平和文化研究所編
ナガサキの平和学
三三九八円

デニス・S・ガウラン/西田司編著
文化とコミュニケーション
一七四八円

アンドレ・ジョリス著/斎藤絅子訳
西欧中世都市の世界
ベルギー都市ウイの栄光と衰退
二四〇〇円

伊東勇夫編
協同組合思想の形成と展開
三三九八円

定価は消費税を含みません

――――八朔社――――

明珍昭次著
小・中の先生たちへの応援歌
哲学と教育学のはざまから
二〇〇〇円

福田和雄著
塾っ子群像
一五三三円

小黒正夫著
ダウン症の妹と歩んで
一七四八円

境野健兒／清水修二著
地域社会と学校統廃合
五〇〇〇円

高橋一夫著
ウップサラ物語
スウェーデンの原風景
一七四八円

定価は消費税を含みません